Georg Schwedt

Die Rattenfänger-Stadt HAMELN an der Weser
im Spiegel des Kupferstechers MERIAN

Reisen in die Geschichte der Stadt

Herstellung und Verlag:
BoD - Books on Demand, Norderstedt
ISBN 978-3-7392-1003-2

INHALT

Vorwort	5
Einleitung – zu Heinrich SPANUTH	6
1. Hameln in der *Topographia* Braunschweig-Lüneburg (1654)	7
2. Der Rattenfänger von Hameln – Sagen und historischer Hintergrund	21
3. Aus der Entstehungsgeschichte der Stadt Hameln bis zum Dreißigjährigen Krieg	27
4. Chronologie im Überblick	31
5. Die Berge um Hameln – vom Süntel bis zum Galgenberg	32
6. Zur Weserschifffahrt	34
7. Die Weserbrücke	37
8. Die Mühlen der Stadt	39
9. Der Plan der Stadt	41
10. Die Münsterkirche	44
11. Marktkirche, Hochzeitshaus und altes Rathaus	48
12. Die Befestigungsanlagen und Tore	56
13. Schützenhaus und Heilig-Geist-Kapelle	61
14. Bürgerhäuser aus der Zeit des *Merianstiches* – heute	63
Literatur	73

VORWORT

Bereits als Schüler des Gymnasiums Ernestinum in Rinteln habe ich mich für die MERIAN-Stiche der Städte um meinen Geburtsort Hessisch Oldendorf interessiert. Vom Wohn- und Schulort, den Städten, wo ich studiert habe und allen späteren Städten meiner beruflichen Tätigkeiten als Chemiker und Hochschullehrer habe ich Reproduktionen der MERIAN-Stiche besessen. Stets konnte ich einige der dort dargestellten Gebäude oder Örtlichkeiten auch nach über drei Jahrhunderten noch identifizieren, aufsuchen und mich mit deren Geschichte beschäftigen.

So entstanden auch meine ersten Schriften mit dem Titel *„Reisen in die Vergangenheit"* der Städte Hessisch Oldendorf, Seesen, des Harzes, von Rinteln und nun auch von Hameln, das ich als Schüler viele Jahre lange regelmäßig besucht habe, weil mich damals besonders die Gebäude der Weserrenaissance interessierten.

Zum 50. *Jubiläum* meines Abiturs gab ich die Schrift *„RINTELN an der Weser im Spiegel des Kupferstechers Merian. Reisen in die Geschichte der Stadt"* heraus und entschloss mich, anhand meiner Materialien über Hameln mich auch noch einmal mit dem MERIAN-Stich von HAMELN ausführlich zu beschäftigten.

Die Ergebnisse sind, nachdem ich bereits über *„Berühmte Raths-Apotheker in Hameln. WESTRUMB und SERTÜRNER"* 2001 publiziert hatte, in diesem Büchlein niedergeschrieben.

EINLEITUNG – zu Heinrich SPANUTH

Wesentliche Beiträge zur Geschichte der Stadt Hameln stammen von *Heinrich Spanuth*, aus dessen Werken auch häufiger im Folgenden zitiert wird. Daher soll er hier näher vorgestellt werden:

Heinrich SPANUTH wurde am 16. Juni 1873 in Hannover geboren. Er besuchte das Gymnasium Andreanum in Hildesheim und studierte nach dem Abitur Theologie und Philosophie an den Universitäten Göttingen und Marburg. 1900 legte er die theologische und Rektorprüfung ab und bekam die Ämter des Rektors in Dorum und Eldagsen bei Springe. Ab 1906 wirkte er als Oberlehrer am Lehrerinnenseminar der Viktoria-Luise-Schule in Hameln. Spanuth studierte dann noch Geschichte und Deutsch, legte die Lehramtsprüfung in Religion, Hebräisch und Geschichte ab und wurde 1912 als Oberlyzealdirektor Leiter der Viktoria-Luise-Schule. 1933 wurde er aus politischen Gründen in den vorzeitigen Ruhestand versetzt. Ab dieser Zeit widmete er sich der Erforschung der Stadt- und Heimatgeschichte, vor allem auch der Rattenfängersage. Er verwaltete das Stadtarchiv Hameln und leitete auch Abteilungen des Heimatmuseums. Mit seiner Schrift *Der Rattenfänger von Hameln. Vom Werden und Sinn einer alten Sage* promovierte er im Alter von 78 Jahren 1951 zum Dr. phil. – Spanuth starb am 25. Oktober 1958 in Hameln als anerkannter Religionspädagoge und Historiker.

1. HAMELN
in der *Topographia Braunschweig-Lüneburg*
(1654)

Frontispiz der *Topographia Braunschweig-Lüneburg*
von Matthäus MERIAN 1654

(Der Originaltext wurde der Sprache und Schreibweise unserer Zeit behutsam, unter weitgehender Beibehaltung der Satzkonstruktionen und auch veralteter Wörter, soweit noch verständlich, angepasst. – An den Text anschließend werden die historischen Details ausführlich erläutert.)

Hameln.
Die Stadt Hameln, zum Fürstentum Calenberg gehörig, hat vor vielen und langen Jahren ihren Ursprung genommen, denn als Widukind des Königs der Sachsen naher Blutsverwandter Bernhard, Graf zu Angarien mit seiner Gemahlin Gräfin Christina, die durch S. Bonifacium zum christlichen Glauben bekehrt sein sollen. das bei der Hamel gestandene Götzenhaus Jovis zerstört und an dessen Stelle die Münster oder Stifts S. Bonifacii

Kirche, worin noch jetzt unter einem Probst und Dekan, ein Collegium Canicorum, Augsburgischer Konfession zugetan sich befindet, im Jahr Christi 712 erbaut und dieselbe auch mit dem damals dabei liegenden Meierhof dem Stift Fulda verehrt hat, ist solche Donation von dem Kaiser Carolo Magno später bestätigt und der Meierhof bei der Hamel wegen der erbauten Collegiat-Kirche mit der Zeit volkreich worden, so dass aus den da herum liegenden zehn Dörfern die Stadt Hameln erbaut und von ihren damaligen Herrn mit Freiheiten begnadet worden ist. In selbiger Kirche hinter dem Altar findet man in einen Stein gehauen diese Worte:

Bernhardus Comes, Christina Comitissa Regbi Angariae de Osten fundarunt hanc Ecclesiam:
womit auch diese zwei alten Verse überein stimmen:
*Septingentenis annis Domini duodenis
Conditur in densis Ecclesia tunc Hamelensis.*

Als nun die Stadt Hameln von Jahr zu Jahr zugenommen hatte, verkaufte der damalige Abt von Fulda Anno 1259 dieselbe wider den Willen der Bewohner an Bischof Wedekindo zu Minden. Als aber der Bischof die Stadt mit Gewalt sich unterwürfig machen wollte, hat dieselbe sich unter Herzog Albert M. zu Braunschweig und Lüneburg als ihren Landesfürsten und Erbherrn begeben, welcher sich deren fürstlich angenommen und alle *derselbigen Jura confirmiret* (d.h. die Rechtslage dergestalt änderte), dass dann die in der Regierung folgenden Herzöge dieser ihrer Erbstatt ihre Jura und Privilegia (*ad tenorem confirmationis Ducis Alberti*) bestätigten.

Es liegt diese Stadt beinahe am Ende des Fürstentums Braunschweigs und ist gleichsam ein Schlüssel zu selbigem Fürstentum. Die Weser fließt nahe an der einen Seite westlich. Über der Weser gibt es viele wohlgelegene Gärten, Weiden, Äcker und Holzungen.

Der Fluss die *Hamel* (davon die Stadt den Namen hat) fließt auf der anderen Seite, südlich vorm Mühlentor vorbei in den Weserstrom, teilt sich aber bei dem genannten Stadttor und der eine Arm fließt zwischen dem Wall und Mauern hindurch und treibt dort eine schöne Mühle. Auf dieser Seite nach Osten ist die Stadt ebenfalls von vielen Gärten, Auen, sandigen Äckern, Hügeln und Bergen umgeben, wo die Einwohner dem Garten- und Feldbau fleissig obliegen und davon zu einem guten Teil ihre Nahrung (gemeint ist: Auskommen) suchen.

Es sind auch in der Stadt allerhand Handwerker, Ämter und Innungen und es werden hier auf der Weser der Korn- (Getreide-) und anderer nützlicher Handel vermittelst der Schifffahrt betrieben.

Die Festung dieser Stadt wird unter die vornehmsten des Fürstentums gezählt, dergestalt sie mit breiten tiefen Wassergräben, guten Wällen, Bollwerken, starken mit vielen Türmen wohlerbauten Mauern und herrlichen Außenwerken versehen und verziert ist. Die Stadt(anlage) ist fast rund und erfordert im Umkreis beinahe dreiviertel Stunde des Gehens, hat vier Stadttore, als da sind das Brücken- oder Wesertor, das Oster- und das Neutor.

Im vorhergehenden Jahrhundert, im Jahre 1542, hat sie sich zur seit 1530 unveränderten Kaiser Karl V. übergebenen Augsburgischen Konfession bekannt. Es sind darin zwei Hauptkirchen, S. Bonifacius, von den Gründung oben berichtet wurde, und S. Nicolai wie auch noch eine Kirche zum Heiligen Geist genannt – dort auch ein Armenhaus. Die Schule wird von nicht weniger als vier tüchtigen Präzeptoren (Lehrern) besetzt, welche die heranwachsende Jugend *in fundamentis pietatis linguarum et artium* so weit führen, dass sie mit Nutzen auf Universitäten geschickt werden können. Der berühmte und wohl verdiente *Informator juventutis Glandorpius* ist vor Jahren als ein besonderes *ornamentum* an derselben mit großem Nutzen tätig gewesen.

Das Stadt-Regiment ist ebenfalls qualifizierten Personen (*subjectis*) anvertraut. Deren Haupt ist der wortführende oder regierende Bürgermeister, welcher jährlich kurz nach Neujahr gewählt wird, welchem der sitzende (d.h. engere) Rat in 11 und der umstehende (d.h. erweiterte) in 28 Personen zugeordnet ist. Eine ehrsame Bürgerschaft zeigt sich an Ehrerbierung, Einigkeit und Gehorsam gegen ihre Obern rühmlich, besteht aus verschiedenen alten Geschlechtern und Patrizier und unterteilt sich in Bauern und Büdner, jene brauen nach ihrer Ordnung Broihan (s. u. unter „Erläuterungen") und Bier und weil beides gute Getränke sind, wird kein fremdes Bier dort ausgeschenkt, dagegen das Bier in ferne und nahe Orte ausgeführt und besonders der Gesundheit dienlich gehalten.

Vor etlichen Jahrhunderten ist aus einem gemeinen *Seckel* (gemeint ist das Geld aus dem „Stadtsäckel") ein steinernes Rathaus am Markt und noch im Jahre 1610 ein neues Gebäude zum Hochzeitshaus aus Quadersteinen mitten auf dem Markt erbaut worden. Die Einwohner haben zwar keine prächtigen, kostbaren aber doch ihrer Brauereien und dem Ackerbau entsprechenden Häuser. Für die Armen sind drei *Hospitalia* vorhanden. Die Weser wird durch eine kostbare *Schlacht* (auch *Schlagd* = Wehr) nahe der Stadt gehalten und auch ist die Stadt mit verschiedenen an der Weser liegenden Korn-, Säge-, Pulver- und Öl-Wassermühlen, dem Bedarf entsprechend, versehen, so dass die Einwohner dem *Allerhöchsten* für eine gesunde und zur Erhaltung (*beybringung*) nötigen Unterhalts bequem Wohnung zu danken (haben).

Gleich wie sie nun daran Gottes besondere Güte gespürt haben, so haben sie auch des HERRN väterliche Züchtigung zum Öfteren empfunden, als Teuerung, Pest(epdiemie), Feuer- und Wassersnot, Krieg und Blutvergießen, als sie bei dem langwierigen *Teutschen Kriege* (d.h. Dreißigjährigem Krieg) in verschiedene der sich bekämpfenden Parteien Gewalt geraten sind, bis sie von Herzog Georg zu Braunschweig und Lüneburg nach der glücklich und siegreich verlaufenden großen Feldschlacht bei Oldendorf unter der Schaumburg – eine Meile davon, als auch die Stadt vorher einige Monate lange belagert gewesen war, 1633 erobert und wieder an das Fürstentum und die Erblande gebracht worden ist.

Im Jahre 1551 hat eine Feuersbrunst hundert und sechzig Wohnhäuser, Scheunen und Viehställe nicht gerechnet, und die eingedrungene Pest tausendvierhundert Menschen getötet. Im Jahre 1552 hat das hoch angestiegene Wasser alle Brücken zerstört und es hat die Teuerung überhandgenommen. 1560 sind 44 Wohnhäuser abermals eingeäschert worden. 1633 und 1643 sind die Brücken durch das Hochwasser wieder weggerissen worden und es hat das Wasser in den meisten Gassen der Stadt gestanden, auch an der Festung ist großer Schaden entstanden.

Es ist in dieser Stadt und um sie herum ein fast uraltes und beständiges Berichten (Erzählen – im Original *Außgeben*), dass im Jahr 1284, am 26. Juni, ein Mann in die Stadt gekommen sei, mit einem bunten Rock angetan, der habe auf den Straßen geblasen, worauf 130 Kinder zugelaufen seien, den wunderlichen Spielmann zu sehen. Er sei vor solchen Kindern, die ihm gefolgt seien, her und aus der Stadt gegangen, bis an den Berg, wo die Gerichte stattfanden und der Koppelberg genannt wird. Da habe sich der Berg aufgetan und die Kinder seien hinein gegangen. Derjenige Ort, den man noch jetzt zeigt, ist eine Senke und oben am Ende ist ein Stein gesetzt mit einer Schrift, die man aber wegen ihres Alters nicht mehr lesen kann. Es finden sich sonst diese alte *Versicul* [= lat. Vers(chen)]:

Post duo CC. mille, post octoginta quaterve,
Annus hic est ille, quo languet Annus uterque,
Orbanter pueros centum etqe tringinta Johannis,
Et Paul caros Hamelenses, non sine damnis:
Fatur ut omnes eos vivos calvaria sorpsit.
Christe, tuere reos, ne tàm mala res quibus obsit.

Und noch diese alte Niedersächsische:

Im Jahr MCCLXXXIIII. (= 1284) nach Christi Gebort /
Tho Hamlen worden uthgefort /
Hundert vnd drittig Kinder daselbst geborn /
Durch einen Piper daselbst verlorn.

Bürgermeister, Rat und die ganze Bürgerschaft haben sich jederzeit gegen ihre hohe landesfürstliche Obrigkeit getreu und gehorsam gezeigt und diese standhafte Treue und stetige *Devotion* wurde von den gnädigen Landesherren in Gnaden aufgenommen, welche der Stadt allemal gnädig und fürstlich zugetan waren und derselben die Privilegien in Gnaden bestätigt haben. –

Den Text zu den Kupferstichen von Matthäus MERIAN, hier von Caspar MERIAN (*fecit*), schrieb Martin ZEILLER.

Matthäus MERIAN der Ältere (1593-1650) stammte aus Basel und heiratete Maria de BRY aus Frankfurt am Main. Sein Sohn CASPAR MERIAN wurde am 13. Februar 1627 in Frankfurt am Main geboren. Als Schüler seines Vaters wurde er einer der bedeutendsten topographischen Kupferstecher des 17. Jahrhunderts und führte nach dem Tod seines Vaters den Verlag zusammen mit seinem Bruder Matthäus d. J. fort, wobei er vor allem für die Hauptwerke der *Topographia Germaniae* und des *Theatrum Europaeum* zahlreiche Kupferstiche – so auch von Hameln – anfertigte. 1672 zog Caspar Merian aus gesundhheitlichen Gründen nach Wertheim und 1677 nach Westfriesland, wo er am 12. April 1686 auf Schloss Walta-State bei Wieuwerd starb. Dort lebte seit 1685 auch seine Halbschwester Maria Sibylla Merian (1647-1717), die berühmte Naturforscherin und Künstlerin.

Martin Zeiller

Martin ZEILLER wurde am 17. April 1589 in Ranten (Steiermark) geboren. Sein Vater musste aus Glaubensgründen – als *Exulant* nach dem Augsburger Religionsfrieden, aus einem der Länder der habsburgischen Monarchie vertriebener Protestant – die Obersteiermark verlassen und so besuchte Zeiller das Gymnasium in Ulm und studierte ab 1608 in Wittenberg vor allem Geschichte und Rechtswissenschaft. Nach dem Studium war er zunächst Hauslehrer bei protestantischen Adelsfamilien und auch Notar im österreichischen Linz, bis ihn auch von dort die Gegenreformation wieder vertrieb. Ab 1629 lebte er in der Reichsstadt Ulm und hatte dort verschiedene Ämter im Schulwesen. Er gilt als typisches Beispiel eines barocken Polyhistors und Kompilations-Schriftstellers und wirkte vor allem als Textautor von Matthäus Merians großem Werk der *Topographia Germaniae*. Er starb am 6. Oktober 1661 in Ulm.

Erläuterungen zum Text über HAMELN
(nur die Geschichte bis **1654** betreffend – Zu den genannten Gebäuden, Toren und Befestigungen, die auf dem Merianstich gut zu erkennen sind, wird in den folgenden Kapiteln berichtet.)

Um 800
Zeiller beginnt die Geschichte der Stadt mit einem Verwandten des Herzogs der Sachsen *Widukind* (dem Grafen *Bernhard zu Angarien*). *Angarien* war ein Provinzialname, wurde aber auch als Gauname verwendet, um das hessische Sachsen zu bezeichnen, auf beiden Seiten der Weser (nach Helfrich Bernhard Wenck: Hessische Landesgeschichte, Band 2 (1789), S. 372)
Widukind lebte in der zweiten Hälfte des 8. Jahrhundert und war der Führer der Sachsen gegen KARL I. D. GR. in der Zeit zwischen 778 und 785. Nach der Unterwerfung 785 ließ er sich in der Pfalz Attigny (Dep. Ardennes) taufen; danach gibt es keine gesicherten historischen Nachrichten von ihm. Er soll 807 gefallen und in der Pfarrkirche von Enger begraben sein.
Der Name des Grafen *Bernhard* ist historisch in den Verzeichnissen (Traditionsbüchern) des Klosters Fulda über die im 8. und 9. Jahrhundert

erhaltenen Schenkungen belegt. Sie wurden noch in der Zeit des bedeutenden Abtes *Hrabanus Maurus* (780-856) um 835 aufgestellt. Dort ist festgehalten (zitiert nach Spanuth):

Ego Berenhart comes des Saxonia trado ad sanctum Bonifacium bona mea, quae sunt in terminis Tigildi cum mancipiis.
(Ich Graf Bernhard aus Sachsen schenke dem hl. Bonifacius meine Besitzungen im Gebiet des Tigildigaues mit den Hörigen.)
Mit dem hl. Bonifatius ist das Kloster Fulda gemeint und der Gau Tilithi (Tigildi) erstreckte sich nach der Neuabgrenzung der fränkischen Gaue um 800 westlich und östlich der Weser von Polle bis Hessisch Oldendorf – entsprach somit dem Gaunamen Angarien – wahrscheinlich mit dem Mittelpunkt Hameln als Stätte des Gerichtes, der Versammlungen und kultischen Feiern. An anderer Stelle wird auch die Gemahlin Graf Bernhards, Gräfin Christine, genannt.

Adalhart tradidit sancto Bonifacio pro anima fratris sui Bernhardi comitis omnem hereditatem illius et uxoris eius Christine cum familes et rebus eaorum. Eberkar tradidit deo et sancto Bonifacio quicquid et Bernhart comes tradidit in memoriam sui et uxoris sue Christine.
(Adalhart übergab dem hl. Bonifacius für das Seelenheil seines Bruders, des Grafen Bernhart, und seiner Gemahlin Christine seine ganze Nachlassenschaft mit allem Zubehör und allen Hörigen. Eberkar übertrug desgleichen Gott und dem hl. Bonifacius, was ihm Graf Bernhard zu seinem und seiner Gemahlin Christine Seelenheil aufgetragen hatte.)

Aufgrund dieser schriftlichen Überlieferungen können die Anfänge der geistlichen Niederlassung und die Nennung des Ortes in das frühe 9. Jahrhundert datiert werden. Im Totenbuch des Klosters Fulda ist für das Jahr 811 auch ein *Bernhart* unter den Verstorbenen verzeichnet.
In der Münsterkirche befindet sich ein Gedenkstein für den Grafen Bernhard und dessen Gemahlin Christine aus dem 14. Jahrhundert.
Zu Beginn des 9. Jahrhunderts gab es hier an der Weser offensichtlich zwei verschiedene Siedlungen – neben dem älteren bäuerlichen oder Fischer-Dorf *hamala* eine kirchlich-klösterliche Gründung an der Stelle, wo sich heute die Münsterkirche befindet.

Anhand dieser historisch gesicherten Daten wird deutlich, dass die von *Zeiller* genannte Jahreszahl 712 zu früh angesetzt ist – s. auch unter *Münsterkirche*.

1259

Das nächste historische Datum im Text zum Merianstich ist das Jahr 1259: Bis um das Jahr 1200 hatten sich die Siedlungen wesentlich vergrößert – von Fernkaufleuten war ein Wik, ein Stapel- und Rastplatz, angelegt worden, der Ort hatte das Marktrecht erhalten und im 10. Jahrhundert hatten fremde Kaufleute, Friesen und V(F)lamen einen „Neuen Markt" als dritten Kern der Gesamtsiedlung angelegt. Um 1200 war wahrscheinlich von den ansässigen Kaufleuten der Entschluss gefasst worden, die verschiedenen Siedlungen zu einer STADT zusammenzufassen, wozu sie auch die Zustimmung des Abts von Fulda erhielten.
Über die Zeit des 13. Jahrhunderts schrieb Spanuth (1950) - als sich Hameln immer mehr zu einer freien Stadt des Bürgertums entwickelt hatte:
„In dieser Zeit besann sich der Abt von Fulda auf seine fast verjährten Anrechte an die Stadt. Schon immer war es dem Bischof von Minden ein Dorn im Auge gewesen, daß Stadt und Stift Hameln nur seiner geistlichen Aufsicht, nicht aber seiner weltlichen Hoheit unterstanden. So kam ihm ein Angebot des Abtes, die alten Hoheitsrechte über die Stadt gegen Zahlung von 500 Mark Silber zu erwerben, sehr genehm. Aber der Rat weigerte sich, dieser Kaufvertrag anzuerkennen. Man ließ es auf eine Kampf ankommen. Diese ‚Mindener Fehde' (1260) wurde bei Sedemünder, westlich von Springe entschieden. Die Hamelner Mannschaft wurde vernichtend geschlagen; sie blieb teils auf dem Schlachtfelde, teils wurde sie nach Minden in Gefangenschaft abgeführt..."

Die *Schlacht bei Sedemünder* fand am 28. Juli 1260 statt, die Wilhelm Raabe auch in seiner historischen Novelle „Die Hämelschen Kinder" (1863) darstellte.

Von 1249 bis 1261 war *Heinrich IV. von Erthal* Füstabt des Klosters Fulda. Am 13. Februar 1259 verkaufte er die Stadt Hameln an den Bischof

Wittekind von Minden mit dem Lehen der zugehörigen Schirmvogtei – auch *Wedekind I. von Hoya* genannt, der von 1253 bis 1261 Bischof von Minden war. Die Lehnshoheit hatten die Grafen von Everstein, die sich an der Schlacht beteiligten. Schon ein Jahr nach dem Sieg verkaufte der Bischof jedoch die Hälfte der Stadt Hameln an die damals gemeinsam regierenden Herzöge *Albert I. d. Gr.* (1236-1279) und *Johann I.* (1242-1277) von Braunschweig-Lüneburg. Nach *Spanuth* habe der Herzog Albert auch die Gefangenen aus Minden befreit. 1277 wurden der Stadt ihre Privilegien in einer Urkunde anerkannt und mit 2000 bis 2500 Einwohner zählte sie zu den vier großen Städten des Landes Braunschweig-Lüneburg.

1542

Als nächstes historisches Datum nennt *Zeiller* das Jahr 1542 – als sich zwei Hauptkirchen, S. Bonifacius und S. Nicolai, zur Augsburger Confession bekannt hätten. Die Vorgeschichte beginnt mit einem Brief von Martin LUTHER aus dem Jahr 1540 an die Herzogin Elisabeth von Kalenberg-Göttingen, in dem ihr der „Magister Just Walthausen, Bürgerkind zu Hameln" empfohlen wird. Bei Spanuth ist der Wortlaut zitiert:

„*Gnade und Friede Christo.*
Durchlauchtige hochgeborene Fürstin, gnädige Frau.
Es ist dieser Magister Just Walthausen, Bürgerskind zu Hameln, berufen zum Syndico daselbst. Hat mich derhalben gebeten, daß ich an Eure fürstliche Gnade wollte schreiben, weil er unsers Evangelii nun bei zwölf Jahren gewohnt, nun aber vielleicht zu Hameln noch nicht in Brauch ist. Eure fürstliche Gnaden wollten seine gnädige Frau Fürstin sein und ihn schützen, so viel möglich auch bei Eurer fürstlichen Gnaden Gemahl anhalten, daß seine fürstliche Gnade solche feine Leute wollten wert halten. Denn, wie Eure fürstliche Gnaden sehen und erfahren werden, ists gar ein fein, gelehrt, geschickt, fromm Mensch, dergleichen man nicht viel findet. Eure fürstliche Gnade wollen sich gegen ihn gnädig erweisen, auch den Leuten und Landen zu gut, da er wohl zu dienen kann und wird. Daran tut Eure fürstliche Gnade Gott einen sonderlichen Dienst. Hiemit demselben lieben Gott befohlen, Amen.
Donnerstages nach Sankt Paul Bekehrung 1540.
Eurer fürstlicher Gnaden williger Martinus Luther."

Jobst von *Walthausen* (1508-1592) war Stadtschreiber in Hameln, trat auf Empfehlung von Melanchthon jedoch schon 1541 in den Dienst der Herzogin Elisabeth. In der „Heimatchronik der Stadt Hameln" ist zu lesen, dass die Einführung der Reformation nicht ohne Schwierigkeiten verlief, Walthausen jedoch einen wesentlichen Einfluss gehabt habe.

Anton *Corvinus* (1501-1553), der Reformator Calenbergs, ordnete, nachdem „der Rat der Stadt die Fürstin einmütig um eine geeignete Persönlichkeit bat, das Werk der Reformation zu vollenden", den Stadtsuperintendent Magister Rudolph Moller (gest. 1592) nach Hameln ab. „Am 25. November 1540 hielt er ‚*bei großem Zulauf und nicht ohne freudigen Beifall aller frommen Leute, jedoch unter Murren der Gegenseite, der papistischer Kanoniker*', die erste evangelische Predigt. Damit war der Bann gebrochen, und der Übertritt der Stadt zum Protestantismus offen bekundet."
Die Autoren der „Heimatchronik" stellen fest:
„Zweifellos war die Kirchenreformation für Hameln das wichtigste und erregendste Ereignis des 16. Jahrhunderts…"
Im Zusammenhang mit der Reformation erwähnt *Zeiller* auch den Namen des Johann GLANDORP (1501-1564) und schreibt, dass die Schule mit vier tüchtigen lutherischen Präzeptoren (Lehrern) besetzt worden sei. Glandorp, als deutscher Humanist, Pädagoge, evangelischer Theologe, Reformator und auch als Dichter bezeichnet, war ab 1529 Schüler Melanchthons in Wittenberg. 1534 bis 1536 wirkte er als Professor für Geschichte in Marburg, dann als Leiter von Lateinschulen in Braunschweig, 1551 auch in Hameln, dann in Hannover (bis 1555), in Goslar und zuletzt in Herford.

1610
Dieses Jahr ist mit dem Baubeginn des *New Gebäw*, des neues Gebäudes, des Rathauses verbunden. Es wird im Kapitel 11 näher vorgestellt. Zugleich nennt *Zeiller* auch *drey Hospitalia*.
Gemeint sind damit
- *Heiligengeisthospital*: als solches 1300 zuerst genannt; „in seinem alten Gebäude am Ostertor, dem eine Kapelle (1304) zugehörte, hat es bis 1929 weiterbestanden." (Heimatchronik Hameln)
- Das *neue Hospital* wurde 1418 von dem aus Brakel stammenden päpstlichen Kanzleijuristen und Konzilspolitiker Dietrich v. Nieheim in der Bäckerstraße begründet. 1723 wurde es mit dem Heiliggeisthospital vereinigt.
- Das *Beginenhaus* der zwischen 1284 und 1343 in Hameln nachweisbaren Beginen, einer Genossenschaft geistlicher Frauen, nahm ebenfalls Aufgaben der Kranken- und Armenpflege war. Es wurde in ein städtisches Armenhaus mit 20 Plätzen für verarmte, ältere Frauen umgewandelt – der Name *Beginenhof* erinnerte noch heute daran.

1633
Mit dem *langwierigen Teutschen Krieg* und seinen Folgen spricht *Zeiller* den Dreißigjährigen Krieg von 1618 bis 1648 an. Nachdem dieser sich zunächst auf Süddeutschland beschränkt hatte, kam nach der verlorenen Schlacht am Weißen Berge bei Prag im November 1620 Kurfürst Friedrich V. von der Pfalz auf seiner Flucht in Richtung Holland durch Hameln. Ab 1621 nahm auch Herzog Christian (1599-1626) aus dem Welfenhaus, der „tolle Christan" genannt, an den kriegerischen Auseinandersetzungen teil. Ab 1629 war Hameln unter dem Stadtkommandanten Oberstleutnant Hans Wilhelm Schellhammer von kaiserlichen Truppen besetzt.
Am 28. Juni 1633 fand dann die *Schlacht bei Hessisch Oldendorf* statt, von der von Merian auch ein Kupferstich angefertigt wurde – s. S. 19. Zuvor hatten braunschweigische und schwedische Truppen unter Herzog Georg von Lüneburg von dem schwedischen Kanzler Oxenstierna den Auftrag erhalten, mit der ganzen Armee die Weserlinie zu erorbern. Am 14. April begannen sie mit der Belagerung von Hameln, in der sich eine Besatzung

von etwa 2000 Fußsoldaten und 200 Reitern befand. Im Juni hatte ein kaiserliches Heer sich von Minden aus Hameln genähert. Um nicht vor den Mauern von Hameln kämpfen zu müssen, wurde die Belagerung abgebrochen und die vereinigten Braunschweiger, Schweden und Hessen stellten sich den Kaiserlichen zu einer offenen Feldschlacht. Die Kaiserlichen formierten sich beim Dorf Segelhorst, die Belagerer von Hameln um Oldendorf. Die kaiserlichen Truppen erlitten eine so vernichtende Niederlage, dass die Hälfte der katholisch-ligistischen Armee mit rund 7000 Toten den Untergang fand (Chronik von Hameln). Am 11. Juli verließ Schellhammer mit „acht Kompanien Fußvolk, drei Fähnlein Kürassieren und drei Dragonerschwadronen nach fast viermonatiger Belagerungsdauer die Stadt".

Der Heimatforscher Friedrich KÖLLING († 1980), Lehrer in Hessisch Oldendorf, beschrieb in seinem Buch „Hess. Oldendorf. 700 Jahre Entwicklung einer niedersächsischen Kleinstadt" (1956) die Vorgänge wie folgt:
*„In Norddeutschland stellte Herzog Georg von Braunschweig-Lüneburg ein neues Heer auf und eröffnete Anfang 1633 den Feldzug. Ende Januar wurde bei Bremen die Weser überschritten und der Angriff gegen die westfälischen Bistümer vorgetragen. Bielefeld, Herford und Lemgo öffneten die Tore. Von Süden griff der Landgraf Wilhelm von Hessen Paderborn an. Herzog Georg erschien von Vlotho her am 24. Februar vor Rinteln und erzwang zum Morgengrauen des 2. März den Weserübergang. Gronsfelds Truppen flohen teils nach Minden, teils nach Hameln. Während der Verfolgung erreichte Herzog Georg noch am Abend des 2. März Oldendorf und nahm dort Quartier. Nachdem auch der schwedische Feldmarschall Knyphausen am 10. März in Oldendorf eingetroffen war, beginnen die Vorbereitungen zur Belagerung von Hameln.
(...)
Die Belagerung von Hameln zog sich in die Länge. Unterdessen tauchten in Westfalen neue kaiserliche Verbände auf. In Südbelgien warb Graf von Merode ein neues Korps. Mitte Juni vereinigten sich Gronsfeld, Merode und Bönninghausen und erreichten am 26. Juni Minden. Man hatte beschlossen, Hameln zu entsetzen.*

Herzog Georg ließ vor Hameln ein Beobachtungskorps zurück, führte sein Heer dem Feinde entgegen, stellte es längs des Oldendorfer Knicks bis zu den Wällen von Oldendorf auf und sperrte somit das Gelände zwischen Gebirge und Weser. Gegen diese Front stieß die kaiserliche Armee vor. Beide Heere waren ungefähr gleichstark. So standen in der Morgenfrühe des 28. Juni 1633 fast 30 000 Soldaten bereit, um auf engem Raum die Entscheidung zu erzwingen. Es entwickelte sich dicht nördlich (von) Oldendorf eine der blutigsten Schlachten des dreißigjährigen Krieges. (...)
    Den Hauptkampf hatte die schlachterprobte Reiterei Georgs in der Zeit von 12-2 Uhr entschieden.
Fast die Hälfte der kaiserlichen Soldaten war gefallen. (...)
Die Verluste Herzog Georgs waren dagegen gering. Er selbst gibt sie mit 60 Toten an.
Als einzige Frucht des Sieges fiel am 8. Juli Hameln..."

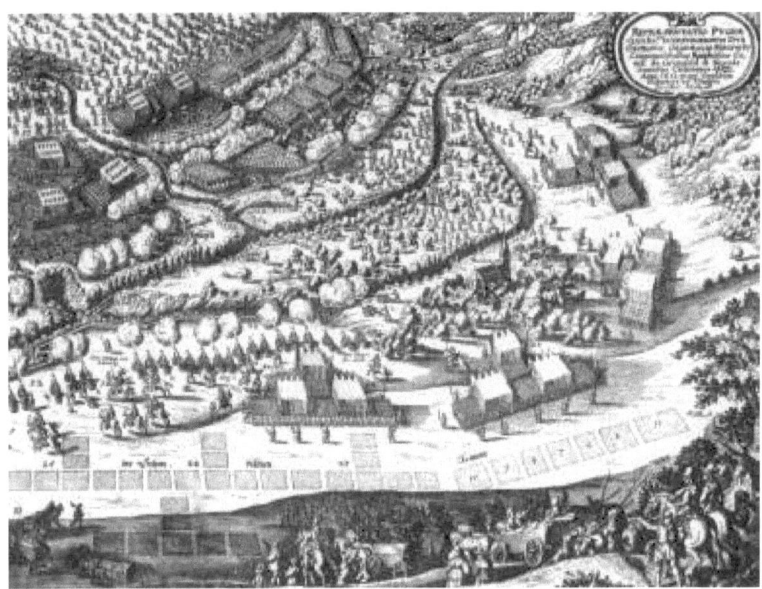

Ausschnitt aus dem Merian-Stich der Schlacht bei Oldendorf (1644) – mit der Aufstellung der schwedischen und braunschweigischen Armeen (rechts von Ziffer **32**/links Mitte im Bildausschnitt, Stellung des Herzogs Georg von Braunschweig)

2. Der Rattenfänger von Hameln – Sage und historischer Hintergrund

Zeiller berichtet – ohne Bezug auf einen „Rattenfänger" – von einem „wunderlichen Spielmann", mit einem bunten Rock angetan, der am 26. Juni 1284 in die Stadt gekommen sei, auf den Straßen geblasen habe und dem 130 Kinder gefolgt seien, bis sie im sich öffnenden Koppelberg verschwunden seien.

Darstellung auf einer Briefmarke von 1978

In der „Heimatchronik Hameln" wird im Abschnitt über die Rattenfängersage eine Übersetzung des um 1430/50 entstandenen Nachtrags in der Lüneburger Handschrift „Catena aurea" des Dominikaners *Heinrich von Herford* (um 1300 bis 1370), Chronist, Historiker und Theologe im St. Pauli Kloster zu Minden, wiedergegeben. Die Handschrift wurde 1936 von Heinrich *Spanuth* in der Lüneburger Ratsbibliothek wieder entdeckt.

„Zu vermelden ist eine ganz ungewöhnliche, seltsame Geschichte, die sich in der Stadt Hameln Mindener Diözese im Jahre 1284 am Tag des Johannes und Paulus [26. Juni] zugetragen hat. Ein Jüngling – schön und überaus

wohl gekleidet, so daß alle, die ihn sahen, ihn ob seiner Gestalt und Kleidung anstaunten – trat über die Brücke und durch das Wesertor ein. Er hatte eine silberne Pfeife von seltsamer Art und begann zu pfeifen durch die ganze Stadt. Und alle Kinder, die jene Pfeifer hörten, fast 130 an der Zahl, folgten ihm zum Ostertor hinaus etwa nach der Kalvarien- oder Richtstätte zu. Sie entschwanden und gingen fort, und niemand konnte ausfindig machen, wo eines von ihnen geblieben war. Die Mütter der Kinder aber eilten von Stadt zu Stadt und fanden nicht die geringste Spur. (...) Dies habe ich in einem alten Buche gefunden. Und die Mutter des Herrn Dekan Johann Lude sah die Kinder fortziehen."

1557 tauchte die Sage in der *Bamberger Ortschronik* auf und 1567 wurde über die Hamelner Sage auch in der *Chronik der Grafen von Zimmern* (Manuskripte bis 1993 in der Hofbibliothek Donaueschingen, jetzt in der Württembergischen Landesbibliothek in Stuttgart) berichtet. Auch im viersprachigen Weltatlas „Thesaurus orbis terrarum" (erschienen in Amsterdam 1570-1576) des flämischen Geographen Abraham *Ortelius* (1527-1598) ist die Sage enthalten.
1654 veröffentlichte der Hamelner Rektor der Lateinschule Samuel *Erich* (gest. 1671) sein Buch „*Exodus Hamelensis, das ist der Hämelischen Kinder Außgang: Oder philolog- und historischer Bericht wie vor nurmehr vierdtehalbhundert Jahren und darüber hundert und dreissig Bürger Kinder auß Göttlichem Verhängniß durch eienn Ebentheurlichen Spielman auß der Stadt Quern-Hameln an der Wäser entführet und dam ansehen nach in einen Hügel vorm Osterthor daselbst erbärmlicher Weise verleitet worden*", in dem er das Verschwinden der Kinder durch den „leibhaftigen Satan" zu erklären versucht.

In der SAGE des Rattenfängers von Hameln sind offensichtlich zwei ursprünglich selbstständige Sagen miteinander verbunden worden – eine Kinderauszugs-Sage und eine Rattenvertreibungs-Sage. Beide Sagen habe offensichtlich einen historischen Kern.
Im 17. Jahrhundert griff der Jesuit *Athanasius Kircher* (1602-1680) diese Sage auf, reiste nach Hameln, um sich den Berg des Verschwindens und in der Marktkirche die heute nicht mehr vorhandenen Glasbilder vom Exodus

der Kinder anzusehen. „Und er hatte darüber aus dem Blickwinkel der Musikpsychologie geschrieben, im zweiten Teil der *musurgia universalis* von 1650. Die Flötentöne des Rattenfängers und deren magische Wirkung spielen darin eine Hauptrolle." (Eckart Roloff in: Göttliche Geistesblitz. Pfarrer und Priester als Erfinder und Entdecker, Weinheim 2010)

Als *Zeiller* den Text für den Merian-Stich von Hameln verfasste, existierte somit schon eine Sage, die er jedoch nicht erwähnte.

Ein weitere Verbreitung erlebte die Sage zu Beginn des 18. Jahrhunderts durch den Geographen und Universalgelehrten Johann Gottfried *Gregorii* (1685-1770) in seinen populären Geographiebüchern: *„Die curieuse Orographie, oder accurate Beschreibung der berühmtesten Berge in Europa, Asia, Africa und America (1715) – Kap. CCXIII. Der beruffene Köppel. Berg in Nieder-Sachsen"*.

Diese Quelle war Achim von Arnim, dessen Freund Jacob Grimm und auch Johann Wolfgang von Goethe bekannt, die ihre eigenen Texte zur Rattenfängersage verfassten.

Heinrich *Spanuth*, der mit seinen Forschungen über die Ratterfänger-Sage promovierte (s. Einleitung), schrieb dazu u.a.:

„Nicht von Anfang an hat die Sage in dieser Form fertig dagestanden. Allmählich wuchs sich die in alten Inschriften noch erhaltene schlichte Überlieferung von der ‚Ausführung der Hämelschen Kinder' durch einen Pfeifer zu der Wundermär von den in den Calvarienberg entrückten Kindern an. Daran knüpften sich im Laufe der Entwicklung mancherlei Zusätze, so von einem stummen und einem blinden Kinde, die gerettet und zu Zeugen des Unheils wurden, – von der zurückbleibenden Kindermagd, von der unterirdischen Wanderung der ‚Entführten' nach Siebenbürgen und von der neuen Hamelner Zeitrechnung. Erst um die Mitte des 16. Jahrhunderts wurde die rein örtliche Überlieferung vom Kinderauszug durch die Wandersage vom Rattenfänger erweitert. Fast 100 Jahre liefen beide Formen, die ältere Ortssage und die Rattenfängersage, nebeneinander her, bis die reichere Gestalt über die schlichtere Urform den Sieg davontrug."

Umfassende Darstellungen im **MUSEUM HAMELN – mit dem Rattenfänger.**

Spanuths Forschungen führten zu folgenden Deutungen.
„Der Ort, an dem die Weggeführten auf Nimmerwiedersehen ‚verschwinden' oder sich ‚verlieren', ‚Tho Calvarie' genannt, bezeichnete die Endstation eines mittelalterlichen kirchlichen Prozessionsweges, die an der Grenze der Hamelner und Afferder Feldmark gelegen und durch ein Kreuz, später auch eine Kapelle bezeichnet war. Dieser Grenzpunkt aber liegt an dem von der Straße nach Hannover gleich östlich der Stadt sich abzweigenden Wege nach Hildesheim, der uralten, über Braunschweig und Magdeburg gen Osten führenden ‚Reichsstraße'..."
Damit bezog *Spanuth* sich auch auf Forschungen des sudetendeutschen Historikers und Troppauer Stadtarchivars Wolfgang *Wann*, dass „im letzten Drittel des 13. Jahrhunderts das östliche Mähren im Auftrage des Böhmerkönigs Ottokar durch den Olmützer Bischof Bruno von Schaumburg mit deutschen Kolonisten besiedelt wurde, die er in seiner Heimat anwerben ließ. (...) In Urkunden seiner und unserer Heimat konnte er nicht nur eine große Anzahl gleicher Familiennamen aus Adel und Bürgerschaft nachweisen, darunter so charakteristische wie die der Hamelner Leist oder Rike, sondern auch den Namen eines jetzt wüst liegenden mährischen Dorfes Hamlingow..."

Nach dem jetzigen Stand der Forschung handelt es sich bei dem Teil des „Kinderauszuges" um die Anwerbung und Auswanderung junger Hamelner Bürger, die von adligen Territorialherren zur Siedlung im Osten angeworben worden sind. Jedoch geht der Leipziger Namensforscher Jürgen *Udolph* (1997) davon aus, dass die Auswanderer in Folge der mittelalterlicher Ostkolonisation nicht nach Mähren, Siebenbürgen sondern nach Brandenburg gekommen seien – in die Regionen Prignitz und Uckermark, wo Ortsnamen wie *Hamelspring* sowie *Groß Spiegelberg* bei Pasewalk (nach der Grafschaft Spiegelberg) vorkommen.
Beide Forschungen – nach Familiennamen bzw. Ortsnamen – belegen die Auswanderungstheorie, nach der fast eine ganze Generation auswanderte, weil offensichtlich das damalige Zunftwesen keine Zukunftsperspektiven für einen eigenen Hausstand eröffnete. Die Belege von *Spanuth* mit einer Reihe von spezielle Hamelner Familiennamen scheinen jedoch überzeugender, als die der Ortsnamen allein von *Udolph*.

Bis in die Aufnahme der Sage in die Sammlung der Brüder GRIMM 1816 lässt sich die Geschichte in über 70 Chroniken und historischen Ortsbeschreibungen nachweisen. (Darjana Hahn: Der Rattenfänger von Hameln. Inbegriff eines Verführers, in DAMALS 09/2014)

Die Kinder zu Hameln
(Brüder Grimm, Deutsche Sagen Nr. 245)
Im Jahr 1284 ließ sich zu Hameln ein wunderlicher Mann sehen. Er hatte einen Rock von vielfarbigem, buntem Tuch an, weshalben er Bundting soll geheißen haben, und gab sich für einen Rattenfänger aus, indem er versprach, gegen ein gewisses Geld die Stadt von allen Mäusen und Ratten zu befreien. Die Bürger wurden mit ihm einig und versicherten ihm einen bestimmten Lohn. Der Rattenfänger zog demnach ein Pfeifchen heraus und pfiff, da kamen alsobald die Ratten und Mäuse aus allen Häusern hervorgekrochen und sammelten sich um ihn herum. Als er nun meinte, es wäre keine zurück, ging er hinaus, und der ganze Haufen folgte ihm, und so führte er sie an die Weser, dort schürzte er seine Kleider und trat in das Wasser, worauf ihm alle Tiere folgten und hineinstürzend ertranken.
Nachdem die Bürger aber von ihrer Plage befreit waren, reute sie der versprochene Lohn, und sie verweigerten ihn dem Manne mit allerlei Ausflüchten, so daß er zornig und erbittert wegging. Am 26. Juni auf Johannis- und Paulitag morgens früh sieben Uhr, nach andern zu Mittag, erschien er wieder, jetzt in Gestalt eines Jäger, erschrecklichen Angesichts, mit einem roten, wunderlichen Hut, und ließ seine Pfeife in den Gassen hören. Alsbald kamen diesmal nicht Ratten und Mäuse, sondern Kinder, Knaben und Mägdlein vom vierten Jahr an in großen Anzahl gelaufen, worunter auch die schon erwachsene Tochter des Bürgermeisters war. Der ganze Schwarm folgte ihm nach, und er führte sie hinaus in einen Berg, wo er mit ihnen verschwand. Dies hatte ein Kindermädchen gesehen, welches mit einem Kinde auf dem Arm von fern nachgezogen war, darnach umkehrte und das Gerücht in die Stadt brachte. Die Eltern liefen haufenweis vor alle Tore und suchten mit betrübtem Herzen ihre Kinder, die Mütter erhoben ein jämmerliches Schreien und Weinen. Von Stund an wurden Boten zu Wasser und Land an alle Orte herumgeschickt, zu erkundigen, ob man die Kinder oder auch nur etliche gesehen, aber alles vergeblich. Es waren im

ganzen hundertdreißig verloren. Zwei sollen, wie einige sagen, sich verspätet und zurückgekommen sein, wovon aber das eine blind, das andere stumm gewesen, also daß das blinde den Ort nicht hat zeigen können, aber wohl erzählen, wie sie dem Spielmann gefolgt wären; das stumme aber den Ort gewiesen, ob es gleich nichts gehört. Ein Knäblein war im Hemd mitgelaufen und kehrte um, seinen Rock zu holen, wodurch es dem Unglück entgangen; denn als es zurückkam, waren die andern schon in der Grube eines Hügels, die noch gezeigt wird, verschwunden.
Die Straße, wodurch die Kinder zum Tor hinausgegangen, hieß noch in der Mitte des XVIII. Jahrhunderts (wohl noch heute) die bunge-lose (trommel-, tonlose, stille), weil kein Tanz darin geschehen noch Saitenspiel durfte gerührt werden. Ja, wenn eine Braut mit Musik zur Kirche gebracht ward, mußten die Spielleute über die Gasse hin stillschweigen. Der Berg bei Hamelm, wo die Kinder verschwanden, heißt der Poppenberg (der auch Koppenberg genannt wurde), wo links und rechts zwei Steine in Kreuzform sind aufgerichtet worden. Einige sagen, die Kinder wären in eine Höhle geführt worden und in Siebenbürgen wieder herausgekommen.

Im folgenden *Literaturverzeichnis* werden aus den zahlreichen Veröffentlichungen nur einige der wesentlichen Werke zu diesem Thema genannt:

Spanuth, Heinrich: Der Rattenfänger von Hameln, Niemeyer, Hameln 1951.
Dobbertin, Hans: Quellensammlung zur Hamelner Rattenfängersage, Niemeyer, erw. Neuauflage, Hameln 1996.
Humburg, Norbert: Der Rattenfänger von Hameln. Die berühmte Sagengestalt in Geschichte und Literatur, Malerei und Musik, auf der Bühne und im Film, Niemeyer, Hameln 2. Aufl. 1990.
Mieder, Wolfgang: Der Rattenfänger von Hameln. Die Sage in Literatur, Medien und Karikatur, Praesens, Wien 2002.
Udolph, Jürgen: Zogen die Hamelner Aussiedler nach Mähren? Die Rattenfängersage aus namenkundlicher Sicht, in: Niedersächsisches Jahrbuch für Landesgeschichte 69, 125-183 (1997).

3. Aus der Entstehungsgeschichte der Stadt Hameln bis zum Dreißigjährigen Krieg

Ergänzend zu den bereits näher erläuterten, von *Zeiller* angegebenen historischen Ereignissen soll hier zusammenhängend eine kurze Entstehungs- und Entwicklungsgeschichte vom 8. Jahrhundert bis zum Zeitpunkt des Merianstiches vermittelt werden.

Die Urdorf war eine germanisch-fränkische Siedlung. Ihre Lage lässt sich noch heute annähernd bestimmen. Durch die Bezeichnungen *Thietor* und *Thiewall* im Südosten der Stadt wird daran erinnert, dass sich hier ein germanischer Thie- oder Thingplatz (Gerichtsstätte) befand. Weiterhin weist die unregelmäßige Anlage des Stadtteiles zwischen Thiewall und Markt sowie auch der Name Zehnthofstraße auf eine erste Siedlung, ein *Urdorf Hamala*.

Das erste von Fuldaer Mönchen gegründet Kloster südlich des Urdorfes an der Stelle des heutigen Münsters war im 9. Jahrhundert die zweite Keimzelle der Stadt. Hier befand sich schon immer ein günstiger Übergang über die Weser, da sie durch drei Flussinseln in mehrere Arme geteilt wurde.

Das ältere bäuerliche Dorf und die kirchlich-klösterliche Gründung standen am Anfang der Entwicklung zu einer Stadt. Durch die Stiftung des bereits genannten Grafenpaares Bernhard und Christina erhielt das Kloster im 9. Jahrhundert auch Grundbesitz. Im 10. Jahrhundert wurde das Kloster in ein Chorherrenstift umgewandelt und dadurch auch mit Hoheitsrechten ausgestattet. Diese übte das Stift durch den Abt von Fulda, später durch einen Propst auch auf die bäuerliche Dorfstätte aus. So wurde die Vogtei des Stiftes ab dem 13. Jahrhundert von den bei Holzminden ansässigen Grafen von *Everstein* ausgeübt.

Es siedelten sich nun auch weitere Bauern und vor allem auch Handwerker und Kaufleute an – ein erster Markt entstand und ein Stapel- und Rastplatz, so dass bis zum 10. Jahrhundert bereits Friesen (mit ihren *Friesischen Tuchen*) und V(F)lamen gekommen waren und einen *Neuen Markt* als dritten Kern einer Gesamtsiedlung angelegt hatten.

Um 1200 wird wahrscheinlich der Zeitpunkt angesetzt werden können, als eingesessene Kaufleute die drei Teile zusammenfassen und mit Zustimmung des Abtes von Fulda eine *Stadt* schaffen wollten. In dieser Zeit wurden die heutigen Straßen Bäcker-, Oster- und Baustraße bebaut, zusammen mit den sie verbindenden kleinen Gassen. Die so entstehende Stadt wurde mit Mauer und Graben, später auch mit Wällen umfriedet – fünf, später vier Tore öffneten die Wege in allen Himmelsrichtungen in das umgebende Land.

Im Scheitelpunkt der genannten Straßen entstand auch ein *Rathaus* – am Marktplatz als Mittelpunkt eines freien Handels, der nicht der Hoheit des Stiftes unterstand. Es wurde eine Stadt- oder Marktkirche erbaut, die dem Patron der Schiffer und Kaufleute *Sankt Nikolaus* gewidmet wurde.

Damit verfolgte die junge Stadt das Ziel, sich als bürgerliche Stadt von der geistlichen Hoheit abzusetzen. Offensichtlich wuchs nun der Wohlstand der Bürger, denn es konnten *Wehrtürme* an der *Stadtmauer* entstehen, die Weserbrücke auf steinernen Fundamenten neu gebaut werden, *Wehre* quer durch die Weser gezogen werden, um Wasser für den Stadtgraben aufzustauen. Ihre *Mühlen* (die älteste an einem von der Hamel abgezweigten Mühlengraben, am heutigen Walkenmühlenweg) führten zum Namen *Querenhameln* (sächs. Querne für Mühle). Im Fuldaer Güterverzeichnis des 9. Jahrhunderts werden im Besitz des Klosters in Hameln sechs Mühlen verzeichnet.

In diese Zeit fällt die bereits beschriebene *Mindener Fehde* von 1260 und 1277 dann die Erlösung durch den welfischen Herzog Albert, welcher der Stadt ihre Privilegien bestätigte.

Es folgten lange Jahrzehnte des Friedens, in denen konnte sich Hameln sich ungestört zu Wohlstand entwickeln konnte - auch oder gerade weil der Landesherr wegen ständiger Geldnot immer wieder gezwungen wurde, ihre Stadt an benachbarte Landesherren zu verpfänden. Von 1426 bis 1572 war Hameln Mitglied der HANSE. Die gotischen Gotteshäuser wurden zu Hallenkirchen ausgebaut und es entstanden vor allem zahlreiche Steinbauten, von denen bis heute etliche erhalten blieben. Die Fachwerkbauten wurden 16. Jahrhundert fast vollständig vernichtet. *Zeiller* führt auch die Jahreszahlen 1551, 1552 und 1560 an, als Feuerbrünste, die Pest und Hochwasser Häuser zerstörte und viele Menschen starben.

Und doch wurde im 16. Jahrhundert eine wirtschaftliche und kulturelle Blüte erreicht – 1541 war die Reformation eingeführt worden, gute Schulen waren entstanden, über deren Lehrer sich auch *Zeiller* lobend äußerte und die neue Bauform der *Renaissance* wurde bei Wiederaufbau der Häuser übernommen, die noch heute den Charakter der Weserstadt prägt. Als das letzte dieser Häuser, das *Hochzeitshaus*, fertiggestellt worden war, brach der Dreißigjährige Krieg aus, der zunächst Hameln verschonte.

Ab 1625 jedoch war Hameln für 8 Jahre von feindlichen Truppen besetzt – zunächst durch König Christian IV. von Dänemark als Kriegsoberst des Niedersächsischen Reichskreises. Im folgte 1626 der kaiserliche Feldherr Tilly. Der Wiederaufbau nach der *Schlacht bei Oldendorf* 1633 sollte erst nach fast einem halben Jahrhundert beginnen, in welchem Hameln Garnisonstadt geblieben war.   (Nach Heinrich Spanuth 1940 bzw. 1950)

4. Chronologie im Überblick

(Nach Angaben aus dem Stadtportal der Stadt Hameln)

802/812	Graf Bernhard und Gräfin Christina gründen auf ihrem Gut in Hameln eine Eigenkirche.
826	Die Besitzungen des Grafenpaares gelangen nach dem Tod von Graf Eberhard an die Abtei Fulda.
Um 851	Gründung eines Benediktinerklosters durch die Reichsabtei Fulda (am Ort des heutigen Münsters)
Um 1090	Geburt des Slawenapostels *Vizelin* (+1154) in Hameln
Zwischen 1185 und 1206	Hamelns erstmals urkundlich als *civitas* (Stadt) bezeichnet
12./13. Jh.	Grafen von Everstein als Stiftsvögte des Stifts Bonifatius der Abtei Fulda
1259	Verkauf der Rechte an Stift und Stadt durch den Abt von Fulda an den Bischof von Minden
1260	verlorene Schlacht von Sedemünder des Hamelnern Bürgerheers gegen die Truppen des Bischofs von Minden
1268	Erwerb von Stadt und Stift durch Herzog Albrecht von Braunschweig
1277	Bestätigung der Rechte der Stadt durch Herzog Albrecht in einem Privileg
1284	„Auszug der Hämelschen Kinder" mit einem Pfeifer
1426-1572	Mitglied der HANSE
1540	Einführung der Reformation
1551	Große Feuersbrunst: Vernichtung von 160 Häusern – eine Pest-Epidemie fordert ca. 1400 Todesopfer
16./17.Jh.	Wirtschaftlicher Aufschwung – Entstehung prächtiger Bauten der Weserrenaissance – Rattenkrug / Leisthaus / Rattenfängerhaus / Hochzeitshaus

5. Die Berge um Hameln – vom Süntel bis zum Galgenberg

Auf dem MERIAN-Stich sind der *Süntel* (im Hintergrund), (S) der *Basberg*, (T) als *Warte* (Holtenser Warte) der Franzosenkopf und (V) der *Galgenberg* bezeichnet.

Die Hügellandschaft nordöstlich von Hameln umfasst folgende Berge (von rechts des Ausschnittes oben):
Basberg (211 m) – heute mit dem Bismarckturm
Franzosenkopf (237 m) an der Holtenser *Warte*
Uhlenberg (195 m)

Die Spitze der Marktkirche (C) zeigt auf den Franzosenkopf.
Die Bezeichnungen *Basberg* und *Galgenberg* finden sich heute in Ortsteilen von Hameln w3
ieder.

Auf der Webseite *deutschland123.de/hameln_Gipfel* werden 9 Gipfel genannt: (Klüt) – Morgenstern – Basberg – Klagesberg – Franzosenkopf – Uhlenberg – Wacholderberg – Schweineberg – (Riepen).

Klüt und Riepen liegen auf der linken Weserseite, so dass für den nördlichen bzw. nordöstlichen Teil, der auf dem historischen Stich vom Klüt aus gesehen dargestellt ist, die sieben übrigen Gipfel zu nennen sind.
Der höchste dieser Hügel ist der Schweineberg mit 278 m, der sich hinter dem Basberg erhebt. Das heutige 170 Hektar umfassende Naturschutzgebiet weist die wohl deutschlandweit größte Fläche des Märzenbechers auf - von über 1,5 km Länge und 100 bis 200 m Breite in Höhen von 200 bis 280 m. Auf dem Wanderparkplatz in der Nähe von Holtensen befindet sich ein Informationspavillon mit Informationen zur Geologie, Flora, Fauna, Geschichte und Waldentwicklung.

6. ZUR WESERSCHIFFFAHRT

Auf den Ausschnitten erkennt man jeweils ein Schiff mit einem Beiboot. (oben weseraufwärts hinter der Brücke, unten vor der Brücke)

Aus einer undatierten Urkunde (im Hamelner Stadtarchiv) des Bischofs Detmar von Minden (regierte 1185-1206) zur Schlichtung eines Streits über die gegenseitige Erhebung des Schiffszolls zwischen den Städten (als *civitas* bezeichnet) Minden und Hameln ist einerseits zu entnehmen, dass zur dieser Zeit aus dem Markt eine Stadt geworden und andererseits ein regelmäßige Schiffsverkehr auf der Weser bestand.

Aus dem Jahr 1314 ist bekannt, dass die Stadt die strittig gewordenen Hoheitsrechte an dem unmittelbar vor der Stadt liegenden Stromabschnitt der Weser, am Strombett mit beiden Ufern, dem Werder und der Brücke von der oberen Schlagde bis zur Werderspitze gegen eine Jahresabgabe an den Stiftspropst Graf Wedekind I. von Everstein (1282-1324, Domherr zu Minden) frei besitzen sollte. Dieses Recht blieb der Stadt bis 1836.

Unter *Schlagd* (oder „Schlacht") an der Weser wird allgemein ein Wasserbauwerk aus Pfählen oder Mauerwerk verstanden, hier ein Wehr. Wahrscheinlich wurde es vom Bonifatiusstift erbaut, um mit dem gestauten Wasser die Mühlen der Stadt anzutreiben. Nach einem Hochwasser, möglicherweise das im Text zum Merianstich für das Jahr 1552 genannte Hochwasser, war es unbrauchbar geworden. Es entstand ein neues Wehr mit einem kleinen Schiffsdurchlass, das sogenannte *Hamelner Loch*.

Bereits 1385 ist wiederum ein Streit schriftlich belegt – durch Aufzeichnungen des Grafen Everstein, worin dieses beklagt, die Bürger hätten die *Schlagd geschlagen und der Heerstraße des Reiches, auf der Weser, wovon wir und unser Land großen Schaden haben an der Fischerei und in der Ausübung der Schiffahrt"*. (Zitiert aus: Heimatchronik Hameln) Der Rat habe darauf geantwortet: *„Die Weser ist ein in Gemeingebrauch stehendes Wasser zum Befahren; die Fahrt haben wir bei unserer Stadt nicht behindert."*

1345 hatte der Rat einen auswärtigen Fachmann angestellt, der die beiden Wehre teils ausbesserte, teils umbaute – und zu dieser Zeit lag die städtische *Pfortmühle* wohl unmittelbar an der Schlagde. Dazu heißt es in der bereits zitierten Heimatchronik Hameln:
„*Der enge, holzverschalte Durchlaß in der unteren Schlagde unmittelbar neben dem Mühlengerinne am stadtseitigen Weserufer, später als ‚Hamelner Loch' bekannt und berüchtigt, bildete jahrhundertelang ein*

gefährliches Schiffahrtshindernis. Es machte eine Leichtern der Schiffe, d.h. ein Umladen der Waren erforderlich, führte aber nicht – wie in Hann. Münden – zur Erteilung eines vollen Stapelprivilegs..."

Weiterhin ist in der Heimatchronik Hameln in diesem Zusammenhang über die Probleme der Weserschifffahrt bei Hameln aus dieser Zeit zu lesen, die *„seit alters durch die großen Wehre stark behindert (waren), die – wie wir schon hörten – von der Stadt im Mittelalter angelegt wurden. Zwar war eine Durchfahrt möglich, aber das ‚Hamelner Loch' oder die ‚Fiehre', das heißt der enge, holzverschalte Durchlaß in der unteren Schlagd unmittelbar neben dem Mühlengerinne der städtischen Pfortmühle, eine Art Schiffrutsche also, durch die das Wasser mit großer Heftigkeit strömte, bildete jahrhundertelang eines der größten und gefährlichsten Schiffahrtshindernisse am ganzen Weserlauf."*

Bereits 1611 und nochmals 1614, als Beauftragte der Regierung nach Hameln kamen, wurde der Bau einer Schleuse geplant bzw. die Durchstechung des Werders. Bürgermeister und Rat konnten jedoch dieses Projekt zunächst verhindern.

Um 1670 wurde die Weser auch zum Aufstauen des Wassers in den Wehranlagen und zugleich über ein Kanalsystem zu den Mühlen geleitet. Eine Schleuse entstand auf Kosten des Landesherrns erst 1732-1734.

7. Die WESERBRÜCKE

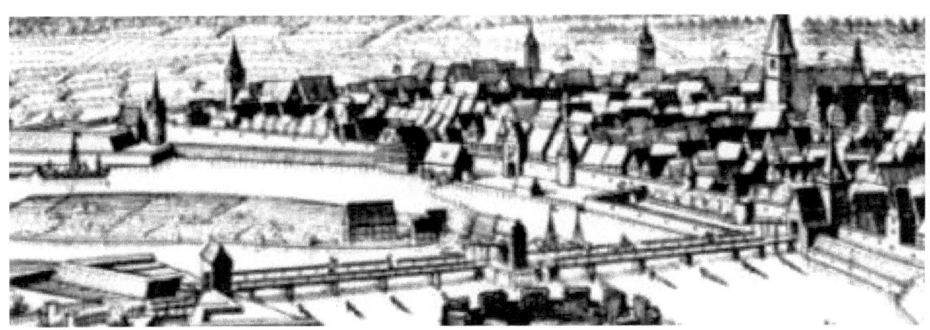

Eine erste Brücke über die Weser bestand wohl schon in der Zeit der Franken; über sie führte der vom Rhein über Paderborn und Aerzen weiter nach Hildesheim und bis an die Elbe bestehende Heerweg. Um 1300 ist sie wahrscheinlich von den Fluten der Weser zerstört worden. Erst 1390 wurde eine zweite hölzerne Brücke, die nach 1300 entstanden war, durch eine solche mit steinernen Pfeilern ersetzt.

Der Merianstich zeigt (rechts N) das *Brückentor*, den Verlauf der Brücke mit einem Geländer auf beiden Seiten, ein Brückenhäuschen etwa in der Mitte sowie ein weiteres Torhäuschen auf der linken Seite.

Aus dem 14. Jahrhundert ist die große Bedeutung dieser Brücke bekannt, als 38 Dörfer im weiten Umkreis zum Bau und zur Ausbesserung der Brücke Holz zu liefern hatten.

Mit dem Vertrag von 1314 durch den Stiftspropst Graf Wedekind I. von Everstein der Stadt war die Weserbrücke und deren Instandhaltung der Stadt zugefallen.

1391 – als die steinerne Brücke (s.o.) vollendet wurde – erwirkte man sogar von Papst Bonifaz IX. einen Ablass. 1422 wurde sie als „Lange Brücke" bezeichnet. Sie überspannte den Fluss in einer Länge von 184 m und ruhte auf dreizehn schlanken Pfeilern. Wegen der relativ engen Pfeilerstellung war sie jedoch gegen Hochwasser besonders empfindlich. 1431 war sie so baufällig, dass Kaiser Sigismund den Hamelner befahl, ihre Brücke „dem gemeinen Nutz zur Förderung und den Landen und euch zu Ehren und Frommen und auch den Pilgern, Kaufleuten und allen Wandersleuten zugute" wieder herzustellen und auch künftig in gutem Zustand zu halten.

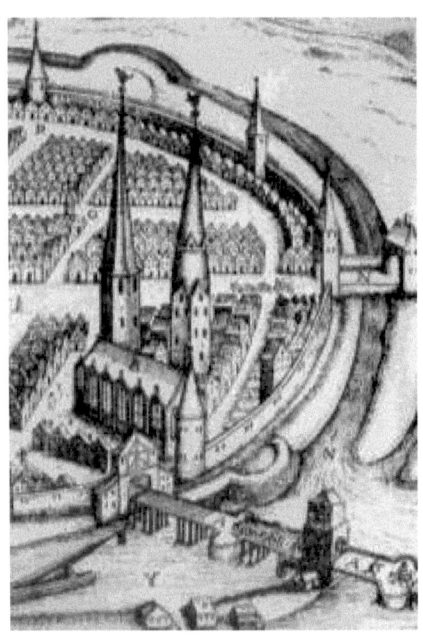

Die Weserbrücke (mit dem Münster) auf einem Flugblatt von 1622 –
s. dazu auch in Kapitel 9

8. Die Mühlen der Stadt

Mühle am Mühlentor

Mühle an der Weserpforte

Die Stadt wurde von dem Chronisten Helmolt (Helmold von Bosau, geb. um 1120 bei Goslar, † n. 1177; schrieb *Chronica Slavorum*) um 1165 *Querenhameln* genannt (*Quärne* sächsisch für Mühle) – die Mühlstein ist ein Symbol der Stadt auf Siegeln, Münzen und Wappen. Die Stadt war offensichtlich ein Handelsplatz für Mühlsteine und 1424 sogar Sitz eines für den Mühlsteinhandel der Umgebung zuständigen Mühlend(th)ings (1424 mit einem dreitägigen Markt für Mühlsteine verbunden).

Im Merianstich sind zwei Mühlen deutlich zu erkennen:
Die städtische *Pfortmühle*, die bereits bestand, als 1345 ein auswärtiger Fachmann in Dienst gestellt wurde, um die Wehre auszubessern.
Das Stift hatte im 13. Jahrhundert (1209 – im fuldischen Güterverzeichnis belegt) zwei Mühlen, die sich in der Nähe des *Mühlentores* an der Hamel befanden – die große obere und die untere kleine *Stiftsmühle*. Die kleine untere Stiftsmühle ging um 1309 an die Familie v. Emmern und später an die Stadt über.
Eine Mühle an der Weser, am unteren Schlagd nahe der Fischpforte, war von der Stadt angelegt und erstmals 1345 genannt worden.
Und schließlich gab es noch die *Thiemühle* (außerhalb des Thietores, 1350 erwähnt), durch die Familie v. Emmern errichtet, die ebenfalls von der Stadt erworben wurde.

1635 wurde nach der Zerstörung der Mühle an der Hamel erstmals auf dem *Weserwerder* ein Mühlenneubau errichtet. Bereits 1550 war mit dem Bau einer *Windmühle* begonnen worden und jenseits der Stadt hatte man 1620 auch eine *Papiermühle* erbaut.

9. DER PLAN DER STADT

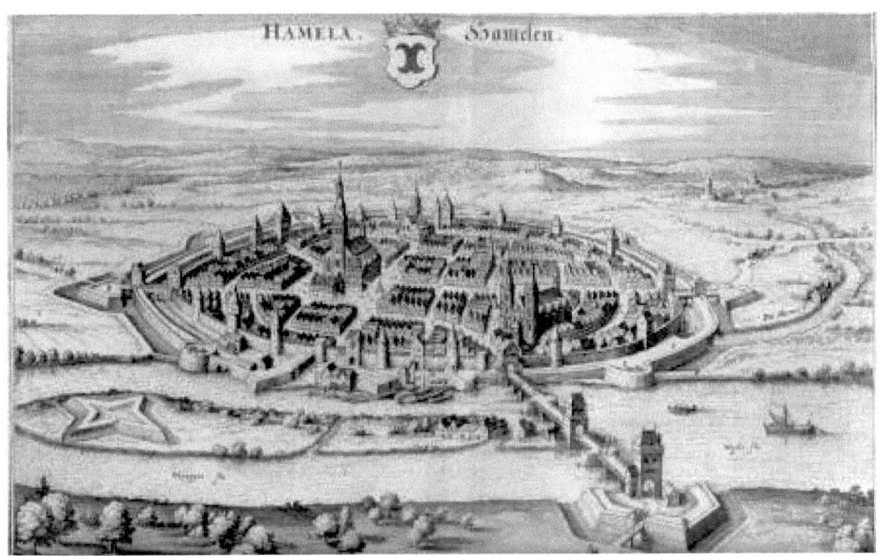

Dieser Stadtplan stammt aus der *Geschichte der Hansestädte* „De rebuspublicis Hanseaticis earumque nobili conferderatione" (2. Auflage 1642 in Frankfurt am Main, mit Illustrationen von Matthäus Merian).

Autor ist Johann Angelius *Werdenhagen* (1581-1652). Werdenhagen studierte in Helmstedt, reiste 1606 an die Universitäten Jena, Altdorf, Tübingen, Heidelberg und Straßburg und war 1607 Konrektor in Salzwedel. Danach war er auch Hofmeister junger Adeliger an der Universität Leipzig bevor er 1616 die Professur für Ethik in Helmstedt gegen den Widerstadt der Fakultät erhielt – Grund: seine religiös begründete Ablehnung des Humanismus.

1618 verließ er die Universität, wurde Syndikus in Magdeburg und zog sich 1632 in die Niederland zu Studien an den Universität Leiden zurück, wo er auch seine „Hanseatische Chronik" verfasste, in der sich der *Plan der Stadt Hameln* befindet, die von 1426 bis 1572 Mitglied der Hanse war.

SPANUTH schrieb in seinem *Führer durch die Rattenfängerstadt* (2. Aufl. 1950), nachdem er zunächst über die drei Keimzellen (Kloster/Münster, Dorf Hamala, Neuer Markt durch friesische Kaufleute) berichtet hatte:

„…Da faßten um 1200 wahrscheinlich eingesessene Kaufleute im Bunde mit den Grafen von Everstein den Entschluß, sie zu einer ‚Stadt' zusammenzufassen. Zu einer solchen Neugründung gehörte in erster Linie eine regelrechter Stadtgrundriß, der Umfang, Tore, Straßenzüge und Plätze der Stadt im Einzelnen festlegte. Der Plan der damals gegründeten **‚Stadt' Hameln** weist die Form eines Dreiviertelkreises auf, der im Westen von der Weser als Sehne begrenzt wird.

Die Straßenzüge selber gruppieren sich um z w e i Zentren: den Stiftsbezirk und den neu angelegten Markt der jungen Stadtsiedlung. Das Straßennetz selbst ist durch die teilweise gekrümmten äußeren Straßen im Halbrund der Stadtform angepaßt. In dem Stadtplan treten zwei große, neue Verbindungswege besonders hervor: die vom südlichen Mühlentor in der Nordrichtung streichende, anfangs breite, an ihrem Ausgang sich stark verengende Bäckerstraße – und die im rechten Winkel zu ihr weiter nach Osten führende weite, vornehme Osterstraße. Über die Blombergstraße nimmt die Bäckerstraße von der Weserbrücke her auch den großen Durchgangsverkehr in west-östlicher Richtung auf."

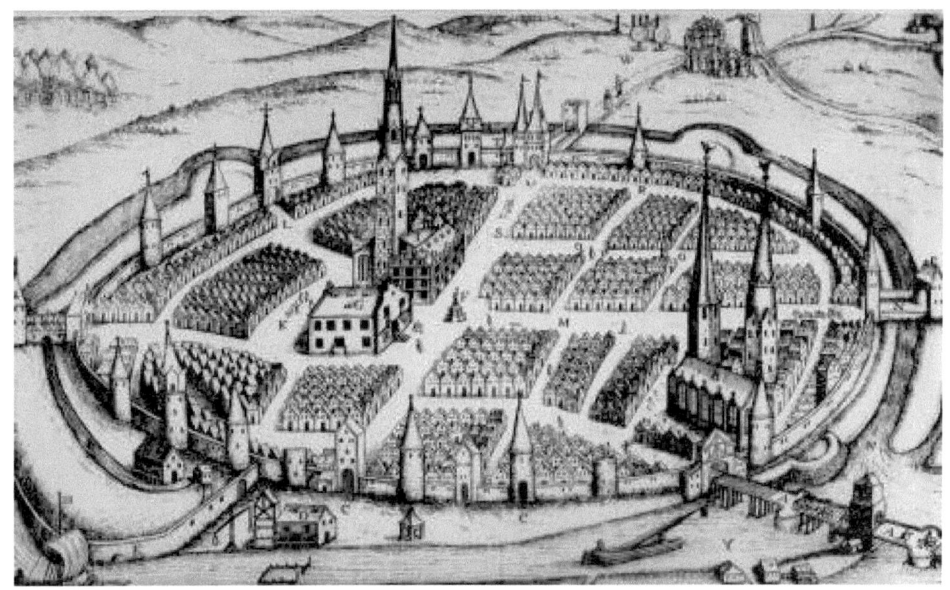

Flugblatt von 1622 (Stadtarchiv Hameln 602 AH Nr. 1) zur Rattenfängersage – Grundriss vergleichbar mit dem Merianstich auf der vorherigen Seite –

mit einem Verzeichnis der Kirchen und Straßen:
A Das Weser Thor / B Gasse & Kirch S. Bonifacii / C Die Fisch Pforten 1. 2/ D Wasserkunst / E Hafe der Schiffe / F Kunstborn auffm Marckt / G Rathaus / H New Apoteck / I Kirch S. Niclaus / K Pferde Marckt / L Newe Thor / M Beckerstraßen / N Mühlenthor / O Kirche S. Jost [später St. Jodokus-Kapelle – s. Kap. 12] */ P Neue Marckt / Q Münzehaus / R Bugelosstraß / S Osterstraß / T Heilig Geist Kirch / V Osterthor / W Der Galgenbergk / X Der Wundermann und Kinder / Y Die Weserstrom / Z Die Hammelstrom.*

10. Die Münsterkirche

Im historisch zweiten Stadtkern von Hameln entstand im Ausgang des 8. Jahrhunderts ein Klosterbau, von dem nichts mehr erhalten ist. An der Stelle des Holzkirchleins wurde am Ende des 10. Jahrhunderts ein erster Steinbau im frühromanischen Stil errichtet.

Hans *Pusen* schrieb in „Niedersachsen. Das Berg- und Hügelland im Süden" (Bibliothek Deutsche Landeskunde 1970) zu „Hameln, der Schlüsssel zum mittleren Weserbergland" u.a.:

Gegen Ende des 8. Jahrhunderts wird erstmalig das Fischer- und Bauerndorf Hamala genannt. Die günstigen Siedlungsbedingungen in der ringsum durch Bergwälder geschützten Talaue, der durch mehrere Furten erleichterte Übergang über den in drei Arme geteilte Fluß und das hochwassersichere Gelände auf dem Ostufer der Weser führten in der durch Karl den Großen eroberten ‚Weserfestung' zur Gründung des Hamelner Bonifatiusklosters durch Mönche aus Fulda. Unter Ludwig dem Frommen erfolgte die Umwandlung in ein Chorherrenstift... (...)

Am St. Bonifatius-Münster haben 600 Jahre gebaut. Die erste Krypta, deren Fundamente 1955 freigelegt worden sind, wird ins 8. Jahrhundert datiert. Die zweite, in wesentlichen Bauteilen erhaltene, folgte im 11. Jahrhundert. Die um die gleiche Zeit entstandene flachgedeckte Kreuzbasilika [1259 erbaut] verwandelte sich vom 13. bis zum Anfang des 15. Jahrhunderts in eine dreischiffige gotische Hallenkirche. Der Vierung war bereits gegen Ende des 12. Jahrhunderts ein neuer achteckiger Turm aufgesetzt worden. Im 13. Jahrhundert wurden Chor und Vierung eingewölbt sowie die Elisabethkapelle dem Querschiff angefügt..."

Wappen aus dem Merianstich (mit Stiftskirche und Mühlrad)

Die ehemalige Kloster- und Stiftskirche *Münsterkirche St. Bonifatius* ist auch ein Element des Stadtwappens von Hameln.

Die wechselvolle Geschichte lässt sich deutlich am heutigen Bauwerk ablesen. Das nördlich-südliche *Querhaus* mit dem *oktogonalen Vierungsturm* und der querrechteckige Westturm sind romanisch, das zur *Hallenkirche* umgebaute dreischiffige *Langhaus*, der flach abschließende *Chor* und die *Elisabeth-Kapelle* am südlichen Querhausarm sind gotisch und im Barock erhielt der Vierungsturm seine *Laterne*. An der Nordseite der Kirche und auch an den Türmen sind neuromanische Formen zu erkennen, welche auf die Erneuerung der der Kirche durch Conrad

Wilhelm *Hase* (1818-1902) aus der Zeit zwischen 1870 und 1875 zurückzuführen sind.

In der Historie des Münsters St. Bonifatius, der ältesten Kirche (heute ev.-luth.) ist zuerst das sächsische Grafenpaar Bernhard und Christina von Engern und Ohsen zu nennen, welche eine Keimzelle des Münsters als Eigenkirche nach 800 errichten ließ. Beide starben um 826 ohne Nachkommen, so dass ihr Besitz an das Kloster Fulda fiel, die an der Weser ein Nebenkloster mit Reliquien ihres Gründers Bonifatius errichteten. 851 kamen auch die Gebeine des hl. Romanus von Caesarea (gest. 303 oder 304) hinzu. Im 11. Jahrhundert wurde das Kloster in ein Kollegiatstift umgewandelt. 1209 wurde die romanische Basilika durch einen Brand weitgehend zerstört und bis 1241 wiederaufgebaut und nun als Kirche des hl. Bonifatius bezeichnet – bis nach 1235 im Hamelner Calendarium mit St. Romanus als Patron.

Darstellung der MÜNSTERKIRCHE auf einem Flugblatt 1622 – s. Kap. 9

Nach dem Verkauf des Stifts durch die Abtei Fulda an den Bischof von Minden 1259 erfolgten ab 1280 (bis 1378) Erweiterungen und Umbauten – von der romanischen Basilika zur gotischen Hallenkirche.

Die Reformation vollzog sich bereits ab 1540 in der *Marktkirche* (Kap. 11), im Stift dagegen erst 1578, wonach auch die mittelalterliche Ausstattung zum großen Teil entfernt wurde. Der Kreuzgang musste 1760 einer städtischen Festungsanlage weichen. Danach begann die Kirche zu verfallen, als Stätte des Gottesdienstes wurde sie schließlich sogar aufgegeben und im 19. Jahrhundert wurde das Gebäude als Stall und Speicher genutzt. 1848 erfolgte die Aufhebung des Stiftes; der Besitz fiel an die Klosterkammer Hannover.

Erst durch den Einsatz zwei Persönlichkeiten, des Hauptpastors Franz Georg Ferdinand *Schläger* (1781-1869), von 1822 bis 1869 als Senior an der Stadtkirche in Hameln, zuvor Stadtprediger in Minden, Pfarrer in Hannoversch-Münden und unter napoleonischer Herrschaft Generaldirektor der Kantonsschulen im Königreich Westfalen sowie Hofprediger der westfälischen Königin und Superintendent in Rinteln, und des Architekten Conrad Wilhelm *Hase* (s.o.) aus Hannover konnte die Münsterkirche 1875 wieder eingeweiht werden. 100 Jahre später fand eine erneute Grundsanierung statt.

Der *Stifterstein* aus Kalksand zeigt Bildnisse des Stifterpaares Graf Bernhard und dessen Ehefrau Gräfin Christina von Engern und Ohsen, die eine Darstellung des Hamelner Münsters (von Süden gesehen) halten. Die ehemalige Grabplatte stammt aus der Zeit um 1380/1390.

11. Marktkirche, Hochzeitshaus und altes Rathaus

D: *New Gebäu* (Hochzeitshaus) *C: Die Marck Kirch* (Marktkirche) und *E: Das Rahthauss*

Marktkirche

Beim Wiederaufbau der *Marktkirche* nach dem Zweiten Weltkrieg wurden die Fundamente eines ersten Vorgängerbaus freigelegt. Sie stammen aus der ersten Hälfte des 12. Jahrhunderts, als an dieser Stelle eine kleine einschiffige Kapelle mit quadratischem Grundriss und einem Westturm bestand. In der zweiten Hälfte des 12. Jahrhunderts wurde sie zu einer dreischiffigen romanischen Basilika mit Querhaus ausgebaut. Die Nord- und Südseite mit den Rundbogenfenstern stammen aus dieser Zeit. Die Kirche wurde dem Hl. Nikolaus geweiht.

Nach einem Feuer um 1220/1230 entstand wahrscheinlich eine frühgotische Gewölbebasilika und zwischen 1250 und 1260 erfolgte ein Umbau zu einer Hallenkirche. Dabei wurden der Westturm aufgestockt, die Seitenschiffe verlängert und erhöht. Zwischen 1290 und 1310 erhielt die Halle nach Osten ein fünftes Joch und eine polygonal geschlossene Apsis sowie eine Sakristei als Anbau. Bis heute erhalten blieben davon die Außenwände, die östlichen Joche mit der Chorapsis und die westliche Nordtür, das *Brautportal* genannt, mit dem segnenden Christus.

Die Wiederaufbau der Marktkirche, nach dem sie wie das benachbarte Rathaus am 5. April in Brand geschossen worden war, erfolgte 1957 bis 1959.

Hochzeitshaus (mit Raths-Apotheke)

Franz DINGELSTEDT bezeichnete in seinem Buch „Das Wesertal von Münden nach Minden" (1838) das 1610 begonnene Hochzeitshaus als eines der schönsten Gebäude der Stadt. Damals habe die Zahl der Bewohner der Stadt 6000 betragen und an ausgezeichneten Gebäuden sei Hameln nach den Napoleonischen Kriegen arm gewesen.

Vergleich der Darstellungen zum *Hochzeitshaus*: links aus dem Flugblatt
F (Brunnen), G (Rathaus), H (*Newe Apoteck*), I (*Kirch s. Niclaus*)
Rechts aus „Geschichte der Hansestädte"

In seinem Führer durch die Rattenfängerstadt beschreibt Heinrich SPANUTH dieses Gebäude aus der Renaissancezeit wie folgt:

„Der Prachtbau, wohl von Meister Johann Hundertosse, dem Erbauer des jüngsten Teiles des Schlosses Hämelschenburg, zum mindestens entworfen, gehört der zweiten Periode der Renaissance an. Die Steinbauten werden jetzt ganz aus Quadern erbaut und mit reicherem ornamentalem Schmuck versehen. Reihen gemusterter, gebosselter oder mit Kerbschnitt verzierter Quadern wechseln mit unverzierten Hausteinen ab, – vorspringende Köpfe, Knäufe und andere Zutaten zieren die Fassade. Am Hochzeitshaus zieht sich über dem Erdgeschoß ein breites mit vier Inschriften und einem Stadtwappen versehenes Schmuckband rings um den auch sonst kräftig horizontal gegliederten Bau. Dieser ist durch drei mächtige Giebel, die aus dem Traufendach vorspringen, ausgezeichnet, so daß er sich in drei nebeneinanderstehende Bauwerke aufzulösen scheint. An der Ostwandecke befand sich ursprünglich ein durch zwei Geschosse hindurchgehender schräg gestellter Erkerausbau, der im 18. Jahrhundert als Verkehrshindernis [!] beseitigt wurde. Von dem südlich der Marktkirche liegenden ‚Lüttgen Markt' aus führte eine gleichfalls verschwundene Freitreppe zu dem zwei Stockwerke hohen Festsaale, der sich im östlichen Teile des Baues befand, hinauf. Im übrigen sollte das Gebäude, den drei Portalen entsprechend, unten die Ratsapotheke, die Ratswaage und Weinschänke aufnehmen. Doch blieb die Waage in dem gegenüberliegen-den Gebäude, dem ‚Neuen Schaden', in dem sich auch ein öffentlicher Bierausschank und die sogen. ‚Schmeckestube' der ‚Bierherren' befanden. Auf die verschiedenen Zwecke des Baues zielen drei der Inschriften ab, die in lateinischen Versen abgefaßt sind, Die vierte, an dritter Stelle stehend, gibt in hochdeutscher Form einen alten Volksreim wieder, der von dem unserer Rattenfängersage zu Grunde liegenden Kinderauszug handelt."

100 Jahre nach Erscheinen der *Topographia* mit dem Merianstich verfasste der Magister Johann Daniel Gottlieb HERR (1728-1765), ab 1755 Pastor primarius an der Münsterkirche, seine Aufzeichnungen, die sogenannten „Collectanea", die als Abschriften im Stadtarchiv erhalten sind, nachdem die Originale, im Zweiten Weltkrieg nach Hannover ausgelagert, dort

zerstört wurden. Vom Museumsverein Hameln veröffentlicht, finden wir in den „Collectanea" auch Aufzeichnungen „Von dem neuen Gebäude". In die Schreibweise unserer Zeit mit wenigen auch sprachlichen Angleichungen übertragen, werden im Folgenden einige Stellen daraus zitiert. Magister HERR bezieht sich zunächst auf eine Sammlung lateinischer Epigramme des Syndikus Dr. iur. Sebastian SPILCKER aus dem Jahr 1655 („Hamelensis Chronica", herausgegeben von dem Rektor Just. Heinrich Leo, Rinteln 1745). Möglicherweise wurde diese Chronik auch von *Zeiller* für den Text zum Merianstich verwendet.

„>Spilcker beschreibt es [das Hochzeitshaus] so:
Die Hamelner bauten großzügig aus Quadersteinen ein
großartig Bauwerk, ein Schmuck für den Markt.
Hier sollen Braut und Bräutigam große Feste feiern;
die unteren Räume stehen auch anderen Zwecken zu Verfügung.
Nützlich ist diese Bestimmung, nützlich auch, Geld zu sparen;
der Umsichtige wählt im Zweifelsfall das Nützlichere.<

Es ist 1610 angefangen worden zu bauen. Diese Jahreszahl befindet sich sowohl unter dem Fenster der untersten Etage des Giebels nach Osten hin, als auch in einem hernach zu erwähnenden Distichon. (...)
Der ersten Anlage nach sollte darin an der Seite nach dem Rathaus hin, die Waage, in der Mitte die Apotheke und daneben die Weinschenke gelegt werden. Daher hat es drei Eingänge in der Front, und die neben jedem Eingang befindlichen Distichen zeugen von ihrer Bestimmung.
So findet man über der Tür der Weinschenke mit goldenen Buchstaben die Worte ‚In vino veritas'.
Darüber steht auf einem großen quadratischen Stein das Stadtwappen ausgehauen aus dem Holm der Kirche. Die Schildhalter sind zwei aufrecht stehende Löwen. Neben diesem Stein liest man das Distichon:
   Hic fesso hospitium curarum dulce levamen
    Conditur intracti pacis amica quies
   Vis tharcum lites removendae pace fruendum
    Et servens cocto fonte levanda sitis.

Hier wird für den Erschöpften eine Herberge gebaut, süßer Trost für seine Sorgen;
Die Ruhe des ungebrochenen Friedens ist willkommen.
Man muss den Streit beenden und den Frieden genießen
Und den brennenden Durst mit Gebrautem lindern.

(...)

Neben der Tür zur Waage dieses:

Haec domus ad justae formata est pondera libre
Aeqautae librae pondera pondus habent
Idcirco videat praesens reliquiq(ue) ministry
Semper ut aequata pondera lance trahant:

Dieses Haus ist erbaut für die Gewichte der gerecht wiegenden Waage.
Gerechtes Wiegen ist von großem Gewicht.
Deshalb sollten der Gegenwärtige und die zukünftigen Bediensteten darauf achten,
daß sie immer mit ausgeglichener Waageschale die Gewichte abnehmen.

Zwischen der Tür der Weinschenke und Apotheke ist auch noch diese Inscription zu lesen.

Nach Christi Geburt 1284 Jahren gingen bi den Koppen unter verwahr hundert und dreißig Kinder in Hameln gebohren von einem Pfeiffer verfürt und verloren.

Es hat auch diese ansehnliche Gebäude vortrefflich gewölbte Keller, die unter dem ganzen Haus, auch unter der kleinen Gasse zwischen diesem und dem Rathause, bis unter das Rathaus selbst sich erstrecken. Es ist durch eine Zwischenmauer in der Länge abgesondert und gehört zum Teil zur Weinschenke, der andere zur Apotheke.

Auf der Nordseite, in der Mitte, führt eine breite steinerne Treppe zu der dritten Etage dieses Hauses, welches vor Zeiten bis zu dem jetzigen Kriege, zu einem Königlichen Zeughause oder einer Gewehrkammer gebraucht wurde. Das Geländer der Treppe ist von quadratischen Steinen, die mit allerhand Bildhauerarbeiten verziert sind, ausgeführt. Das Übrige der Mauer an der Nordseite ist ohne Zierrat massiv ausgeführt. An der Treppe befindet sich das Hämelsche Wappen und in der Gegend der obersten Stufe die Jahreszahl 1617, in welchem Jahr das Gebäude fertig geworden

und so ist vermutlich die Treppe das letzte gewesen, so daran gemacht worden.
Es ist folglich 7 Jahre daran gebaut worden. Das Dach ist mit Sollinger Steinen belegt.
Vorhin ist erwähnt worden, dass dieses Gebäude teils zur öffentlichen Waage, teils zur Apotheke und teils zur Weinschenke bestimmt gewesen.
(Die oberen Etagen sollten zum Rathaus, Kämmerei und anderen öffentlichen Versammlungen gebraucht werden.)
Es ist aber hernachmals, ich weiß nicht aus welchem Grund [Ursach im Original] geändert worden. Denn die Waage, die vermutlich schon damals in dem gegenüber stehenden Haus, zum „Neuen Schaden" genannt, war, und von da in das Neue Gebäude sollte gelegt werden, ist hernach im ersteren Haus geblieben. (…) Folglich ist das Haus bloß zur Apotheke und Weinschenke bis auf den heutigen Tag bestimmt. Und zwar ist die Apotheke am Rathause, in dem Teil des Hauses angelegt, der zur Waage gewidmet war. Daher kommt auch der große Eingang in die Apotheke, der auf der Nordseite so groß war, dass er eine Durchfahrt haben konnte, welcher hernach, da eine Wohnstube daselbst angelegt worden, zugebaut worden ist.
Der mittlere Eingang, der zur Apotheke führen sollte, ist zugemauert. Und hierneben ist die Weinschenke etabliert, so dass also das Gebäude geteilt worden ist.
Auf dem großen Saal der 2ten Etage der Weinschenke sind in vorigen Zeiten die Hochzeiten zelebriert worden, die sehr weitläufig und kostbar eingerichtet wurden. Seit etwa 40 Jahren [also seit etwa 1725] hat diese Gewohnheit nachgelassen oder aufgehört [im Original cessiret], da man vielleicht die Torheiten und die unnütze auch beschwerliche Verschwendung eingesehen und geurteilt hat, dass die Kosten einer weitläufigen Hochzeit zur besseren Etablierung junger Eheleute vernünftiger können angewendet werden.<

Das heutige *Hochzeithaus* wurde wahrscheinlich von dem bereits 1607 verstorbenen (oben erwähnten) Baumeister HUNDERTOSSE geplant, jedoch vom Baumeister Eberhard WILKENING von 1610 bis 1617 errichtet. In ihm soll während des Dreißigjährigen Krieges, im Jahre 1631, ein denkwürdiger Kriegsrat unter dem Feldherren TILLY stattgefunden haben, in dem der Sturm auf die Festung Magdeburg beschlossen wurde. Der Überlieferung nach hätte TILLY im „New Gebäu" Quartier bezogen und sich im Eckzimmer über der Apotheke, heute noch „Tilly-Zimmer" genannt, mit den Grafen von PAPPENHEIM und von GRONFELD zum consilium versammelt. Über dieses Ereignis existiert ein Bericht des Generals von GRONEFELD. Aus dem erwähnten Gebäude „Neuer Schaden" wurde im 19. Jahrhundert die heutige Heimstätte der Hamelner Raths-Apotheke.

Das alte RATHAUS

Aus dem Flugblatt von 1622 – Ansicht von Hameln

Aus der „Heimatchronik Hameln" (1961) sind einige Details zur Geschichte des *alten Rathauses* direkt an der Marktkirche zu entnehmen. Dort heisst es, dass der bürgerlichen Reputation ein *Kaufhaus* im Mittelpunkt des Stadt gedient habe – gleichzeitig eine Versammlungsstätte der Ratsherren und Sitz der Hamelner Gerichtsbarkeit. 1282 wird es erstmals als „Schauhaus" (*theatrum*) genannt, 1294 hieß es dann Rathaus, 1336 wieder Kaufhaus. Das mittelalterliche Gebäude wies einen gotischen

Treppengiebel auf und einen gewölbten Keller, „dessen Saal den Bürgern auch bei festlich-geselligen Anlässen freigegeben war (1535)". 1766 wurde das Gebäude nach der Verwahrlosung im Siebenjährigen Krieg durch einen schlichten Neubau ersetzt. –

Auf einem Flugblatt von 1622 ist das Rathaus (G) vor der Marktkirche gut zu erkennen – eine vergleichbare Darstellung findet sich in der „Hanseatischen Chronik" (1641) von Johann Angelius von Werdenhagen – s. in Kap. 9: Der Plan der Stadt. Auch ist mit H im Hochzeitshaus die *Newe Apoteck* gekennzeichnet.

Am 4. April 1944 wurden das alte Rathaus und die Marktkirche zerstört.

12. Die Befestigungsanlagen und Tore

Im Merianstich von 1654 sind folgende Teile der Befestigungsanlagen sowie Tore und Pforten namentlich benannt:
  A. Hohe Rundel – B. New Thor – F. Blaue Schantz
  H. Waldauer Schantz – I. Oster Tor – K. Mühlen Thor – L. Hohe Rundel über der Brücken – N. Brücken Thor – O. Fisch Pfort – P. Weser Pfort

Der erste Ausschnitt oben stellt die *hohe Rundel* bei A., das *Neutor* bei B. und die sogenannte *blaue Schanze* bei F. dar.

Im zweiten Ausschnitt sind das Mühlentor (K), und die hohe Rundel über der Brücke (L) zu sehen.

Die Bezeichnung *Rundel* steht für ein Bollwerk der mittelalterlicher Befestigungsanlagen, das rundförmig an einer Mauer angebaut ist.

Bei *K*, dem Mühlentor, sind auch Mühlenräder an einer Mühle zu erkennen. R bezeichnet den Zufluss der *Hamel*.

Im dritten Ausschnitt sind die Befestigungsanlagen zur Weser zu sehen – von der Brücke über Fischpforte (O), Weserpforte (P) bis zur Hohen Rundel (A).

Der mittelalterlichen Befestigung entspricht heute der Straßenring um die Altstadt von Hameln – von dem Münsterwall über den Ostertorwall, den Kastanienwall bis zum Thiewall. Der Stadtgrundriss weist die Form eines Dreiviertelkreises auf, der im Westen von der Weser in Form einer Sehne begrenzt wird.

An der *Neutorstraße/Baustraße* stehen noch der *Pulverturm* und der *Haspelmathturm*. Von den ehemals 22 Türmen wurde der erste 1333 erwähnt. Die zwischen Haspelmath- und Pulverturm sich befindende Stadtmauer wurde Anfang der 1990er Jahre in ihrer ursprünglichen Lage und auch Höhe neu errichtet. Der Haspelmathturm wurde um 1450 erbaut. Benannt ist er nach dem Hamelner Tierarzt Friedrich *Haseplemath* (1790-1856), der ihn zur Ausstellung seiner Sammlungen nutzte, die er auf seinen Reisen in die Länder am Mittelmeer und im Orient zusammengetragen hatte.

In der „Heimatchronik der Stadt Hameln" (1961) ist zu lesen, dass wir über den Hamelner Festungsbau nur ungenügend unterrichtet seien. Und weiter heißt es: *„Die ersten Anfänge einer bastionierten Befestigungsweise, die den im 16. Jahrhundert angelegten Hauptwall besonders vor den Toren verstärkte, reichen nach Ausweis der schwedischen Pläne und der verhältnismäßig zuverlässigen Stadtansicht bei Merian bis in den Dreißigjährigen Krieg zurück..."*

Auf der Webseite „hamelner-geschichte.de" – Die Stadtfestung (2014) sind weitere Details zu erfahren – so Jahreszahlen u.a. über die Stadttore: Ostertor 1272, Mühlentor 1282, Thietor 1340, Brückentor 1355. Die insgesamt 22 Türme, welche die Mauer flankierten, lagen jeweils etwa 100 bis 120 m (damalige Schussweite) voneinander entfernt.

Eine Verstärkung der Befestigungsanlagen war bereits im 16. Jahrhundert zur Gewährleistung einer ungestörten Entwicklung des bürgerlichen Handels erfolgt. 1510 wurde das *Ostertor* durch eine Zwingeranlage und ein mit einer Bastion versehenes Außentor erweitert. Das *Neue Tor* wurde 1531 und 1556 instand gesetzt bzw. verändert. Nach 1533 nahm den kostspieligen Bau eines Hauptwalles und Graben in Angriff und 1574 wurde die Schiffslände an der Weser durch eine Mauer gesichert.

Ab 1664 galt Hameln als „Haupt- und Prinzipalfestung" des Fürstentums Braunschweig-Lüneburg. Zuvor waren die Festungswerke von der Stadt selbst errichtet worden.

Danach wurde die Stadt zur einer Festung ausgebaut, von der es bereits 1679 bzw. 1685 hieß, das sie durch „den rund dreihundert Meter breiten Befestigungsgürtel mit seinen Bastionen, Ravelins und Courtinen und durch das einquartierte Militär ein wichtiges Glied der welfischen Landesverteidigung" gewesen sei.

Als *Ravelin* (deutsch: Wallschild) bezeichnete man im Festungswesen einen Teil der Anlagen, dessen Aufgabe es war, die *Kurtine* (Courtine), den Wall zwischen zwei Bastionen (als Anlagen, die aus der Festungsanlage vorspringen), zu schützen.

Dieser Ausschnitt zeigt den Aufbau der Befestigung am Beispiel des Mühlentores (von innen nach außen): Stadtmauer mit dem Haupttor, dem inneren Graben, dem Wall mit dem Außentor, dem Stadtgraben mit der vorgelegten Lünette („kleiner Mond") vor der Zugbrücke (rechts ein Mauerturm).

Erst auf Befehl Napoleons im Januar 1808 begann eine Schleifung dieser im 18. Jahrhundert noch weiter ausgebauten Festung.

13. Schützenhaus und Heiliggeist-Kapelle

Die „Chronik der Stadt Hameln" gibt an, dass im Jahre 1624 an der Fischpfort (im Merianstich O – rechts von der Weserpforte P) als Versammlungsstätte für die Bürgerwehr ein *Schützenhaus* (im Merianstich ρ links neben dem Haus, auf dessen Dach ein u zu sehen ist) errichtet worden sei. Es bestand dort bis 1761.

Die *Heiliggeist-Kapelle* (im Merianstich G - links) steht ebenfalls im Zusammenhang mit Entwicklung Hamelns zu einer Festungsstadt. Bis in das 17. Jahrhundert sorgte auch die wehrfähige Bürgerschaft, die Bürgerwehr, für den Wachdienst an Wall und Mauer. Dann aber wurde Hameln zu einem Standort von Regimentern und es bildete sich eine *Garnisonsgemeinde*. Ihr stand die im Merianstich abgebildete *Heiliggeistkapelle* zu Verfügung, an deren Stelle 1713 eine schlichte spätbarocke Saalkirche, die *Alte Garnisonkirche* trat. Sie blieb am Beginn der Osterstraße erhalten, wurde aber seit der Aufhebung der Garnison 1842 nicht mehr als solche benutzt.

Dahinter lag auch das alte Spital „Zum heiligen Geist", das wahrscheinlich auf dem Merianstich gemeint ist. Der Bau wurde 1927 mit der Kirche zu einem einheitlichen Bau zusammengefasst.

Richard Kyrieleis berichtete in der von Spanuth herausgegebenen „Geschichte der Stadt Hameln" (1.-3. Lieferung, 1940) im Kap. 16 über die sozialen Einrichtungen der Stadt im Mittelalter u.a. über die Gründung der *Heilig-Geist-Brüderschaft*:
„Das Hospital des Hl. Geistes, zum ersten Male urkundlich im Jahre 1300 genannt, lag von Anfang an vor dem Ostertore, auf städtischem Boden. 1304 wird auch eine Kapelle des Hl. Geistes oder *Sancti Spiritus* erwähnt..."

14. BÜRGERHÄUSER aus der Zeit des *Merianstiches* - heute

Auf einem Stadtrundgang durch die Altstadt begegnet man den stattlichen Bürgerhäusern aus der Blütezeit der Stadt vor allem aus der Zeit der Renaissance. SPANUTH beschrieb in seinem Führer (1950/6. Aufl. 1980) durch die Rattenfängerstadt noch zahlreiche Gebäude, die nicht alle nach der Altstadtsanierung in den 1970er Jahren noch zu finden sind. Wir folgen sowohl dem *virtuellen Stadtrundgang der Stadt Hameln* als auch dem Führer „Hameln an einem Tag" (s. Literatur).

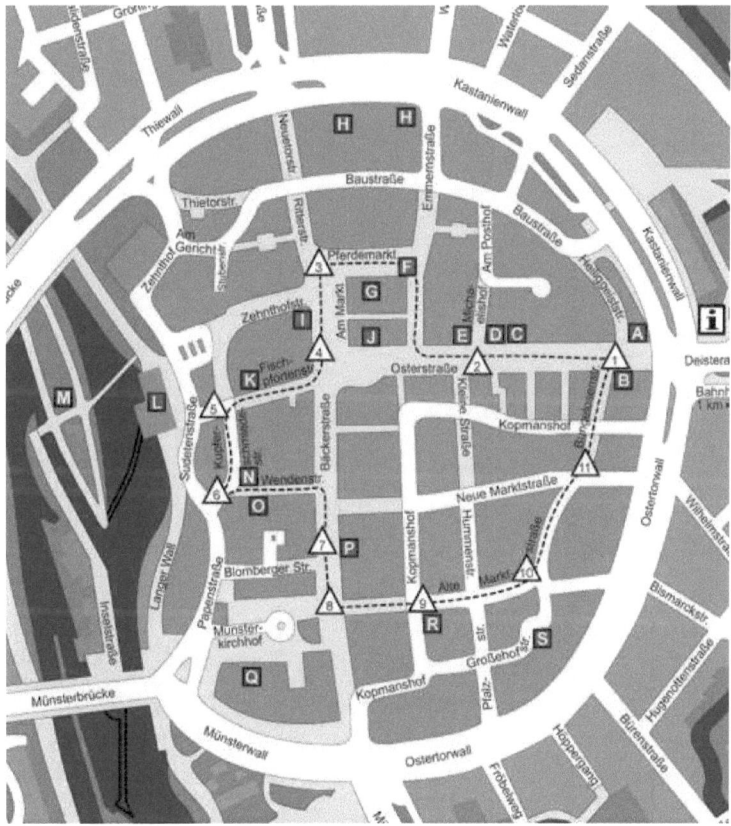

(Quelle: Cybox GmbH, Hameln)

Rattenfängerhaus
Wir beginnen ihn in der Osterstraße, die als *platea orientalis* 1358 erstmals urkundlich erwähnt wurde. Am Ende der Straße nach Osten (deshalb *orientalis*) steht das (erst seit etwa 1900 sogenannte) *Rattenfängerhaus* mit der Inschrift zur Historie der Rattenfängersage (auf der Wand zur Bungelose-Straße, d.h. Trommel-lose-Straße):
ANNO 1284 AM DAGE JOHANNIS ET PAULI WAR DER 26. JUNII DORCH EINEN PIPER MIT ALLERLEI FARVE BEKLEIDET GEWESEN CXXX KINDER VERLEDET BINNEN HAMELEN GEBON TO CALVARIE BI DEN KOPPEN VERLOREN.
Es handelt sich um eine der ältesten Angaben zum Auszug der Hamelner Kinder.
Das Haus wurde 1602/03 durch den Ratsherrn und Baumeister Hermann *Arendes* erbaut. Es zeigt die Stilelemente der Weserrenaissance – mit einer zweigeschossigen Utlucht, die zur Zeit der Erbauung eine Bekrönung aufwies. „Der zweiten Periode der Steinrenaissance zugehörend, weist dieser hochtragende Bau eine solche Fülle von Schmuckformen und allerlei Zierat auf, daß man die architektonisch bedingten Bauteile von dem schmückenden Beiwerk kaum mehr unterscheiden kann." (Spanuth)

Nach der Bungelose-Straße zweigt von der Osterstraße nach links die *Kleine Straße* ab, die 1339 erstmals als *Luttekestrate* erwähnt wurde. Ein Stadtbrand 1684 zerstörte einen großen Teil der dort stehenden Häuser. 1699 wurden von der Stadt auf den wüsten Hausstellen hugenottische Glaubensflüchtlinge aus Frankreich angesiedelt.

Osterstraße 12
Das Haus *Osterstraße 12* (auf der rechten Seite) wurde 1576 von dem Ratsherrn Jost RIKE im Stil ebenfalls der Renaissance, jedoch mit niederländisch inspirierten Gestaltungselementen erbaut. Der Name RIKE taucht auch in Siebenbürgen auf (s. Kap. 2 zur Rattenfängersage). Charakteristisch ist die Flankierung des Portals durch zwei schlichte Utluchte.

Leisthaus
Daneben befindet sich das *Leisthaus*, von dem Baumeister Cord Tönnis (Cordt Tönnies) für den Patrizier und Kornhändler Gerd LEIST 1585/86

erbaut. Spanuth charakterisiert dieses Haus – seit 1912 Museum der Stadt Hameln – wie folgt: „Die Fassade, für die dem Baumeister nur ein schmales Stück der Straßenfront zur Verfügung stand, ist dementsprechend architektonisch gestaltet. Die reich verzierte ‚Utlucht', – die in die Wand eingelassenen trennenden Säulen der oberen Stockwerke, – die hornartige vorspringenden Voluten mit den schlanken, oberliskenartigen Säulchen u. a. m. lassen den ganzen Bau außerordentlich zierlich und leicht erscheinen." In der reich gestalteten und dekorierten Fassade, deren Betrachtung zum Verweilen einlädt, sind folgende Stilelemente original: Säulen, Gesimse, Roll- und Beschlagwerk, die Giebelkonstruktion mit Voluten und Obelisken, die bereits genannte Utlucht mit acht Tugendallegorien auf dem Brüstungsfries, u.a. einer vollplastischen Lukretia-Figur im Giebelfeld und einem vergoldeten Neidkopf in der Giebelspitze. Die sogenannten Neid- und Abwehrköpfe sollten Neid und Unheil wie Brand, Hochwasser, Missernten, Hungersnot und Seuchen vom Haus und seinen Bewohnern abwehren.

Stiftsherrenhaus
Das daneben stehende *Stiftsherrenhaus* ist vom Leisthaus durch eine kleine Gasse mit dem Namen *Unterm Trotzbusch* getrennt. Es wurde 1558 vom Kaufmann und Bürgermeister Friedrich POPENDIEK erbaut. Die Motive auf der Hausfront in drei Zonen zeigen außer den antiken Planetengöttern (in der Traufzone) zahlreiche biblische Bildmotive wie Gottvater, Christus, Apostel, David, Simson, Kain und Abel. Es handelt sich um das einzige Fachwerkhaus aus der Zeit der Renaissance mit figürlichen Darstellungen in Hameln. Daher wurde es auch Stiftsherrenhaus genannt. Mit dem *Leisthaus* ist es durch eine Brücke verbunden – in beiden Häusern ist das Hamelner Museum beheimatet.

Dempterhaus
Wir folgen der Osterstraße an dem *Hochzeitshaus* vorbei bis zum Markt mit der *Marktkirche St. Nikolai*. Am Markt steht das *Dempterhaus*. In lateinischer Sprache ist über dem Eingang zu lesen, dass dieses Haus 1607 Tobias von DEMPTER und Anna BOCKS erbauen ließen. Die Eltern des Bauherrn und späteren Bürgermeisters in der Zeit des Dreißigjährigen

Krieges hatten im 16. Jahrhundert aus religiösen Gründen Deventer verlassen, wovon sich der Name ableitet. Über dieses Haus schrieb Spanuth u.a.: „Dieses mit seiner Fassade nach dem Pferdemarkt zu schauende Eckhaus stellt nach seiner Bauweise etwas Besonderes dar: es ist nur im Sockel mit Steinquadern, im 2. Obergeschoß und Giebelfeld dagegen in Fachwerk erbaut, als Ganzes ein Meisterwerk edler Architektur."
Tobias Dempter (1583-1657), in Hildesheim geboren, erhielt 1592 Privatunterricht in Hameln, studierte in Marburg, Wittenberg und Leipzig und heiratete 1606 Anna Bock, Tochter des Hamelner Superintendendten Johann Bock, von dem er dieses Haus erbte.

Fischpfortenstraße
Vom Markt führt uns der Rundgang in die *Bäckerstraße* und von dort zweigt nach rechts die *Fischpfortenstraße,* die „visportenstrate, ab, die zur Fischpforte an der Stadtmauer und zum Anlageplatz an der Weser führte. Im **Haus Nr. 18**, giebelständig zur Gasse „Himmelreich", früher ebenfalls als *Himmelreich* bezeichnet, nennt in einer Inschrift den Besitzer IOHAN VITTE und das Baujahr 1561. Die vorkragenden Dachgeschosse des zweigeschossigen Hauses sind mit ornamental verzierten Knaggen (hölzerne Konsole als Winkelstück).

Wilhelm-Busch-Haus
Das sogenannte *Wilhelm-Busch-Haus* ist das **Haus Nr. 11** in der *Fischpfortenstraße*. Es wurde bereits 1560 als giebelständiges, dreigeschossiges Haus mit Vorkragungen im zweiten Ober- und Dachgeschoss errichtet. Die Maler, Zeichner und humoristisch-satirische Dichter Wilhelm Busch (1832-1908) war in diesem Haus bei Verwandten, die hier 1847 eingeheiratet hatten, häufig zu Gast. Um 1850 wurde die Fassade neu gestaltet – die unteren zwei Stockwerke waren ursprünglich in der Ständerbauweise errichtet worden. Im Fachwerk des Hauses sind Verzierungen mit Fächerrosetten und Flechtbändern zu sehen und auch die Füllhölzer und Schwellen des Hauses sind durch mit Perlstäben besetzte Taubänder verziert. Als Taubänder bezeichnet man Profilleiste, die mit

Spiral- oder Flechtmuster in Form eines Taus versehen sind. Sie sind im Fachwerkbau des 16. und 17. Jahrhunderts sehr verbreitet. Bei Sanierungsarbeiten 2012/2013 entdeckte man unter dem Bauwerk Steinmauern und eine gepflasterte Herdstelle – vermutlich stand hier bereits im 13. Jahrhundert ein Vorgängerbau.

Kupferschmiedestraße
Von der Fischpfortenstraße gelangen wir nach links in die *Kupferschmiedestraße*. 1560 wurde dieses dreigeschossige **Eckhaus Nr. 13** zur *Wendengasse* – auch *Bürgerhus* genannt, durch die Ratsherrenfamilie Hollenstedt erbaut – mit zwei Utluchten, zahlreichen farbigen Varianten des *Rosettenmotivs* (Halbrosetten) im Fachwerk, mit wulstförmigen Profilen der waagerechten Fachwerkhölzer. Auf dem Schwellbalken des zweiten Obergeschosses ist in deutscher Übersetzung zu lesen:
„Wenn Gott nicht das Haus baut, das der Mensch mit seiner Mühe erbauen will, wird es vergeblich erbaut. Wie die Vögel für ihre Jungen, so pflegen auch die Eltern nicht für sich, sondern für ihre Nachkommen das Nest zu bauen. Aber Gott bewahrt diese dauerhaft und beschützt das Haus. Von ihm kommt das Gesetz und die Zeit des Ehestands. Der Segen des Herrn macht reicht."
Diese Inschrift in lateinisch und in gotischen Minuskeln gilt als die längste erhaltene Hausinschrift in Hameln. Das Gebäude wurde in den 1980er Jahren aufwändig restauriert.

Das traufenständige *Kupferschmiedestraße* **Haus Nr. 10** ist sechs Gefache breit und drei Geschosse hoch, von denen das erste und zweite Obergeschoss leicht vorkragen. Die Fächer am ersten und zweiten Obergeschoss sind mit reichen farbigen Ornamenten ausgestaltet und als Inschrift ist noch zu lesen: ANNO DOMINI · 1591 · HINRICK BRVMMER ET · KATRINE DOBBEKE · SINE ELIGE HVSFRVWE.

Wendenstraße
Linke Hand gelangen wir aus der Kupferschmiedestraße in die *Wendenstraße*, die im 15. Jahrhundert erstmals als *Wennekenstrate* erwähnt wurde.

Lückingsches Haus
In der Wendenstraße Nr. 8 steht das sogenannte *Lückingsche Haus*, das 1638 erbaut wurde. Das giebelständige, dreigeschossige Gebäude mit einer abknickenden Durchgangsdiele stammt aus der Zeit der Spätrenaissance. Der Eingang springt zurück und dadurch werden zwei Utluchten vorgetäuscht. Aufwändig verzierte Beschlagsornamentik findet man an den Brüstungsplatten. Henni *Wichmann* und seine Frau Magdalena *Schwartze* haben dieses reich geschmückte Haus erbauen lassen. Henri Wichmann ließ an seinem Haus den Psalm 127 aus der Luther-Bibel (nach der Vulgata 126) anbringen. Wichmann war ein Getreide(Korn)händler aus der Umgebung, der sich vermutlich 1613 in Hameln niederließ und dort zu Wohlstand gelangte. Die Giebelspitze ist mit zwei Tiergestalten verziert.

Weitere Häuser in der Bäckerstraße
Wenn man von der Wendenstraße wieder in die *Bäckerstraße* kommt, schaut man direkt auf eines der ältesten erhaltenen Steinbauten in Hameln – die *Löwenapotheke* in der *Bäckerstraße* **Nr. 12**. Das Gebäude entstand um 1300 aus Bruchstein, weist einen hohen spitzen Giebel auf und in den Bogenfenstern die Merkmale der Gotik. Rechts von der Löwenapotheke trifft die Neue Marktstraße auf die Bäckerstraße – diesen letzten Abschnitt nannte man früher *Judengasse*. 1277 wurden erstmals Juden in Hameln erwähnt, als im großen *Stadtrechtsprivileg* des Herzogs Albrecht von Braunschweig der Stadt umfangreiche Freiheiten und rechte bestätigt wurden. Die Juden in Hameln waren von allen Diensten des Herzogs befreit, jedoch der Stadt gegenüber zu den „Diensten eines Bürgers" verpflichtet. Juden genossen den Schutz der Stadt, wofür sie aber bezahlen mussten.

Rattenkrug
Auch der *Rattenkrug* im **Haus Nr. 16** der *Bäckerstraße* ist ein gotisches Steinhaus aus dem 13. Jahrhundert, das jedoch seit 1568 durch den Baumeister Cord Tönnies mit einer Sandstein-Fassade im Stil der Weserrenaissance verkleidet wurde. Der Treppengiebel mit Voluten-

bändern erhebt sich über zwei Geschossen. Weiterhin besitzt es eine zweistöckige übergiebelte Utlucht und ein aus der gotischen Bauphase stammendes Spitzbogenportal. Die Fassade wird durch die für die Weserrenaissance typischen Gesimsbänder gegliedert. Der Umbau erfolgte durch Johann RIKE aus einer der ältesten Hamelner Bürgerfamilien (s. auch zur Rattenfängersage Kap. 2). Vom Hof aus, den man durch die seitliche Tordurchfahrt von 1781 erreicht, kann man die rückwärtigen Giebel mit ihren gotischen Spitzbogenfenstern betrachten.

Die Bäckerstraße wurde im 13. Jahrhundert als *platea pistorum* genannt – als wichtige Verbindung zwischen dem Münster und der Kaufmannssiedlung.

Soliman-Haus Bäckerstraße 44

An der Ecke zur Blomberger Straße steht das Haus **Nr. 44**. Das dreigeschossige, giebelständige Haus ist acht Gefache breit, das zweite Obergeschoss kragt vor. Fächerrosetten befinden sich am Deckbalken des Erdgeschosses und am Schwellbalken des ersten Obergeschosses. In einem der Bögen ist ein Fratzenkopf zu sehen. Ständerbalken und Knaggen sind ornamental verziert. Die Jahreszahl von 1542 fällt mit der ersten urkundlichen Erwähnung des Amtmannes Arnold *Solimans* zusammen, der dieses Haus von Herzog Erich II. dem Jüngeren (1528-1584) als Ruhesitz erhielt. Darüber gab es einen Streit mit der Stadt, da dieses Haus zu den ehemaligen Stiftsgütern gehörte, dessen Schutzherr der Herzog war, also Anspruch darauf hatte, es aber nicht besaß. Ab 1576 wohnte in diesem Haus Friedrich Poppediek, Bürgermeister von Hameln, der Auftraggeber des *Stiftsherrenhauses* in der Osterstraße war. Das Gebäude wurde als mit Schnitzereien verzierter Fachwerkbau im 16. Jahrhundert auf den Resten eines gotischen Hauses errichtet.

Das gegenüberliegende Eckgebäude **Haus Nr. 43** mit seinem spitzen Giebel und kleinen Fenster ist gotischen Ursprungs aus der Zeit um 1300. Es wurde 1516 an der langgestreckten Seitenfront mit einer Fachwerkaufstockung umbaut.

Auf der anderen Straßenseite steht an der Ecke zur *Alten Marktstraße* das **Haus Nr. 21** – nach einer Inschrift auf das Jahr 1505 und 1555 verändert datiert. Man erkennt auch hier gotische Merkmale wie das spitzbogige Portal. Dahinter erstreckte sich die Diele bis in das jetzige erste Obergeschoss. Die Geschosse sind hervorragend errichtet. Erst nach dem Dreißigjährigen Krieg wurde die Utlucht erbaut – mit der Inschrift: FRIDE ERNERRET · UNFRIDE VERZERDT ANNO 1650.

Kurie Walthausen/Papenstraße 9

Von der Bäckerstraße machen wir noch einen Abstecher über den *Münsterkirchhof* (oder auch durch die *Wendenstraße*) in die *Papenstraße*. Sie gehörte noch zur alten *Stiftsfreiheit* und in ihrem vorderen Teil wohnten die Stiftsherren in ihren „Kurien". Ihren Namen hat die Straße wohl ehemals von den „Pfaffen" erhalten. *Spanuth* schrieb in seinem Führer (1980): „Gleich links nach der Brücke zu ruht, von einer Mauer umfriedet, ein stiller Hof mit einem Doppelhaus, früher nach dem Erbauer des älteren von beiden als **„Kurie Walthausen"** bekannt (**Papenstraße No. 9**). Das weserwärts gelegene Gebäude wurde i. J. 1566 auf Grund eines mit dem Stift geschlossenen Kaufvertrages von dem berühmten Jobst Walthausen neu gestaltet. An beiden Giebeln prangen als Zeichen der damals heraufsteigenden Renaissance je drei halbkreisförmige Schmucksteine..."

Der Kanoniker Justus von Walthausen wurde zwischen 1507 und 1509 in Hameln geboren und starb 1593 in hannover, wo er in der Marktkirche bestattet ist. Aus einer Urkunde ist bekannt, dass er 1560 die Kurie vor dem *langen bruggenthore* vom Stift St. Bonifatius überlassen bekam und der dem Vorbesitzer Bernhard Rotger 70 Rheinische Goldgulden bezahlen musste. Walthausen, der 1556 seinen Adelsbrief von Kaiser Karl V. erhielt, war zu dieser Zeit, als er den Hamelner Stiftshof erwarb, Kanzler im Dienst des Herzogs Erich des Jüngeren von Calenberg-Göttingen – und zwar von 1552 bis 1574. Er hatte als Rat der sich für die Reformation einsetzenden Herzogin Elisabeth auch wesentlichen Einfluss auf die Einführung der lutherischen Lehre wohl auch in Hameln. Walthausen hatte in Wittenberg studiert und dort 1536 den Magistertitel erworben. 1539/40 war er Stadtschreiber in Hameln – s. auch im Kap. 1.

Kurie Jerusalem in der Alten Marktstraße
Wir kehren auf die Bäckerstraße zurück und folgen ihr noch bis zur Einmündung zur *Alten Marktstraße*. Direkt an der Kreuzung mit der *Platzstraße*, etwas zurückgesetzt, steht das Gebäude mit der Bezeichnung *Kurie Jerusalem*. Als das Hamelner Benediktinerkloster in ein Kollegiatstift umgewandelt worden war, durften die Stiftsherren auch außerhalb des Stiftsbezirks wohnen. Das heutige Haus Nr. 20 in der Alten Marktstraße war ein solches Wohnhaus mit dem biblischen Namen *Kurie Jerusalem*. Das heute so bezeichnete Haus war eigentlich ein *Speichergebäude* – erbaut in einer stattlichen Fachwerkkonstruktion, die Gefache mit Klinkern ausgefüllt, um 1500 im gotischen Stil. Es wurde 1976 umfassend restauriert.

Weitere Häuser in der Alten Marktstraße
Das Haus **Nr. 9,** ein Wohngebäude von 1541, bekam seine Utlucht erst 1619. Die damaligen Besitzer, Albrecht *Ebel* und Sophia *Timmermans* ließen auch ihre Wappen anbringen. Auch das Nachbargebäude **Nr. 8** stammt aus der Mitte des 16. Jahrhunderts.
Besonders interessant ist die Geschichte des Gebäudes **Nr. 40**. Als 1328 sich Augustiner-Bettelmönche in Hameln niederlassen wollten, wehrten sich Stift und Stadt über mehrere Jahrzehnte dagegen. Spanuth schrieb in seinem Führer (1980) darüber wie folgt. „Am Eingang des westlichen Hauptteiles der Alten Marktstraße, die im Hintergrund von den Türmen des Münsters überragt wird, fällt ein heute als städt. Kindergarten dienendes Fachwerkhaus durch seine mehreckige östliche Seitenwand auf. Ihre Form erinnert uns daran, daß dieser Bau ursprünglich eine **Kapelle** darstellte, die dem **Heil. Jodocus** geweiht war." Erst der Papst hatte die Ansiedelung der ungeliebten Bettelmönche erlaubt und nach der Reformation war die Kapelle zunächst in ein evangelisches Pfarrhaus umgebaut worden.

Redenhof
An der Biegung der Alten Marktstraße in Richtung auf den Ostertorwall steht der letzte Hamelner *Adelshof*, den Ernst von *Reden* (um 1529-1589) erwarb: *dat hus, Hoff, Wordt und beventhe mitt allen synen thobehorigen*

gerechtigkeiten. Er erweiterte die 1568 erworbene Anlage und umgab sie mit einer Mauer, wozu auch ein Teil der Stadtmauer einbezogen wurde. Trotz baulicher Veränderungen über die Jahrhunderte – er ist noch heute im Besitz der Familie – vermittelt er das charakteristische Bild eines Adelshofes.

Ernst von REDEN stammte aus einer Familie, die ursprünglich um 1255 auf der Burg Reden bei Pattensen nordwestlich von Hildesheim ansässig war. Er war ein Anhänger Luthers und Fürsprecher des Reformators Corvinus. Als Drost in Burgdorf trat er in die Dienste des Herzogs Heinrich d. J. von Braunschweig-Lüneburg und stieg bis zum Statthalter des Fürstentums Lüneburg in Celle von 1572 bis 1579 auf. 1568/70 erwarb er von Braun von Eddingerode den damaligen sogenannten „Roten Hof", den heutigen Redenhof an der Großehofstraße/Ecke Alte Marktstraße und baute ihn zu seinem Wohnsitz aus. 1579 kehrte er aus Celle nach Hameln zurück, starb hier nach längerer Krankheit und wurde in der Münsterkirche beigesetzt.

LITERATUR

Dehio, Georg: Ev. Münster St. Bonifatius in: Handbuch der Deutschen Kunstdenkmäler. Bremen, Niedersachsen, S. 587-590, Deutscher Kunstverlag, München/Berlin, 1992.

Erdmann, Wolfgang, Ernst *Oppermann*, Petra *Raab-Hartinger*: Das Münster zu Hameln, Langwiesche, Königstein 2002

Erdmann, Wolfgang: Das Münster zu Hameln, Langwiesche, Königstein 1994

Feige, Rudolf, Moritz *Oppermann*, Hermann *Lübbers*: Heimatchronik der Stadt Hameln und des Landkreises Hameln-Pyrmont, Archiv für deutsche Heimatpflege G.m.b.H., Band 23 der Reihe „Heimatchroniken der Städte und Kreis des Bundesgebietes", Köln 1961.

Herr, Johann Daniel Gottlieb: Collectanea zur Geschichte der Stadt Hameln. Merkwürdige Geschichte der berühmten Stadt Hameln. 1765 – hrsg. Museumsverein Hameln o.J.

Kogel, Kristina: Hameln an einem Tag, Lehmstedt, Leipzig 2014.

Meissner, Viktor: Gibraltar des Nordens. Die Festung Hameln. Begleitheft zur Ausstellung, Stadtarchiv Hameln (2006).

Naß, Klaus: Untersuchungen zur Geschichte des Bonifatiusstifts Hameln von den monastischen Anfängen bis zum Hochmittelalter, Vandenhoek & Ruprecht, Göttingen 1986.

Pieper, Gerhard: Blickpunkt(e) Hameln, C. W. Niemeyer Buchverlage, Hameln 2012.

Schwedt, Georg: Berühmte Raths-Apotheker in Hameln. WESTRUMB und SERTÜRNER, HisChymia Buchverlag, Seesen 2001.

Spanuth, Heinrich, Rudolf *Feige*, Fritz *Seifert*: Geschichte der Stadt Hameln, Verlag der Bücherstube Fritz Seifert, Hameln 1983.

Spanuth, Heinrich: Alte Baudenkmäler und historische Stätten in Hameln. Ein Führer durch die Altstadt, 2. Aufl., Verlag C. W. Niemeyer, Hameln 1950 / 6. Aufl. 1980.

Spanuth, Heinrich: Geschichte der Stadt Hameln. In Verbindung mit zahlreichen Mitarbeitern herausgegeben, 2. u. 3. Lieferung, Verlag der Bücherstube Fritz Seifert, Hameln 1940.

Wulf, Christine: Die Inschriften der Stadt Hameln, Reichert, Wiesbaden 1989.